新时期大学生心理
危机的预防与干预技术

吴　燕　著

哈尔滨出版社
HARBIN PUBLISHING HOUSE

图书在版编目（CIP）数据

新时期大学生心理危机的预防与干预技术 ／ 吴燕著

. 哈尔滨 ：哈尔滨出版社，2024.1

ISBN 978-7-5484-7563-7

Ⅰ．①新… Ⅱ．①吴… Ⅲ．①大学生－心理干预－研究 Ⅳ．① G444

中国国家版本馆 CIP 数据核字（2023）第 169533 号

书　　名：**新时期大学生心理危机的预防与干预技术**
XINSHIQI DAXUESHENG XINLI WEIJI DE YUFANG YU GANYU JISHU

作　　者：吴　燕　著

责任编辑：韩伟锋

封面设计：张　华

出版发行：哈尔滨出版社（Harbin Publishing House）

社　　址：哈尔滨市香坊区泰山路 82-9 号　邮编：150090

经　　销：全国新华书店

印　　刷：廊坊市广阳区九洲印刷厂

网　　址：www.hrbcbs.com

E－mail：hrbcbs@yeah.net

编辑版权热线：（0451）87900271　87900272

开　　本：787mm×1092mm　1/16　印张：9.5　字数：210 千字

版　　次：2024 年 1 月第 1 版

印　　次：2024 年 1 月第 1 次印刷

书　　号：ISBN 978-7-5484-7563-7

定　　价：76.00 元

凡购本社图书发现印装错误，请与本社印制部联系调换。

服务热线：（0451）87900279

前　言

　　大学生是十分宝贵的人才资源，是民族的希望，是未来我国实现第二个百年奋斗目标的中坚力量。但近年来，受多种因素影响，大学生群体的心理健康状况甚是堪忧，他们对自身的身体状况属于无视状态，导致有些大学生会成为极端心理危机的受害者。本书通过研究大学生极端心理危机事件的现状，分析大学生心理危机事件发生的内在和外在影响因素，进一步完善预防措施和应对措施，提前有针对性地采取干预对策，从而有效地避免极端心理危机事件发生。同时，呼吁社会、家庭及学校共同关注大学生群体的心理健康问题，为他们创造良好的生活和学习环境，助力他们健康成长。

　　危机干预在发现问题并及时解决问题的同时应当让发生心理危机的当事人事后认识到问题的重要性，并积极有效地影响身边人，有效地应对当前危机，并从中获得经验教训，能够辩证地看待危机，从危机中看到希望，从危机中看到生机，使自己变得坚强和自信，全面提高应对未来的心理素质和能力。

　　本书对大学生心理危机事件的内外因进行了分析，对防止极端心理危机事件的发生提出针对性的对策和建议，为促进大学生的身心和谐、健康成长提供了借鉴，希望可以使大学生认识到心理健康知识的重要性及心理危机的后果严重性。预防是干预大学生心理危机的基础，从整体上帮助大学生，解决学生的后顾之忧。而自我预防是非常关键的，自觉地锻炼自我意识，树立生命高于一切的意识，提高抗挫折能力和心理健康水平，促进自我健康成长；同时，家庭也要密切配合，密切关注孩子的心理动态，恰当地进行心理引导；而学校是重点，要进行全面教育，普及每一个学生，特别是要关注性格内向孤僻及遇到重大负应激事件的学生等，只有多方面协调并同时发挥作用，才能促进大学生的健康成长。

目　录

第一章　新时期大学生心理危机的理论研究 ……………………………………… 1

　　第一节　大学生心理危机研判 …………………………………………………… 1

　　第二节　大学生心理危机的识别 ………………………………………………… 8

　　第三节　大学生心理危机干预 …………………………………………………… 13

　　第四节　大学生心理危机干预体系 ……………………………………………… 20

　　第五节　价值观与大学生心理危机 ……………………………………………… 25

　　第六节　家庭因素与大学生心理危机 …………………………………………… 28

　　第七节　技术异化与大学生心理危机 …………………………………………… 31

第二章　新时期心理健康教育理论研究 …………………………………………… 40

　　第一节　撬动心理健康教育的支点 ……………………………………………… 40

　　第二节　如何优化心理健康教育 ………………………………………………… 45

　　第三节　普通高中生的心理健康教育 …………………………………………… 47

　　第四节　"学困生"心理健康教育初探 ………………………………………… 50

　　第五节　浅谈学生的心理健康教育 ……………………………………………… 54

第三章　新时期大学生心理健康理念 ……………………………………………… 63

　　第一节　大学生心理健康教育应坚持正确理念 ………………………………… 63

　　第二节　大学生心理健康教育"三全育人"理念 ……………………………… 66

　　第三节　大学生心理健康生命教育理念 ………………………………………… 68

　　第四节　大学生心理健康教育立德树人理念 …………………………………… 71

　　第五节　大学生心理健康教育"参与型"理念 ………………………………… 73

　　第六节　大学生心理健康教育社会工作理念 …………………………………… 74

第四章　新时期大学生心理健康问题研究 ………………………………………… 77

　　第一节　我国大学生心理健康教育问题 ………………………………………… 77

　　第二节　我国大学生心理健康教育课堂教学的问题 ……………………………83

　　第三节　大学生心理健康问题与危机干预 …………………………………………86

　　第四节　我国大学生朋辈心理辅导研究 ……………………………………………89

　　第五节　贫困大学生心理健康服务的意义、问题 …………………………………94

　　第六节　同性恋大学生的心理健康教育问题 ………………………………………98

第五章　新时期大学生积极心理学教育的预防与干预 ……………………………… 102

　　第一节　积极心理学与大学生心理健康教育 ……………………………………… 102

　　第二节　基于积极心理学的大学生心理品质培养体系的构建 …………………… 104

　　第三节　基于积极心理学的大学生心理危机干预策略探究 ……………………… 106

　　第四节　浅谈积极心理学视野下的大学生心理健康教育 ………………………… 110

　　第五节　积极心理学视角下的大学生心理健康教育探索 ………………………… 112

第六章　"互联网 +"背景下大学生心理健康教育的预防与干预 …………………… 117

　　第一节　"互联网 +"背景下大学生心理健康教育现状及创新 …………………… 117

　　第二节　"互联网 +"背景下大学生心理健康教育的"心"路径 ………………… 121

　　第三节　"互联网 +"背景下大学生心理健康教育课程体系构建 ………………… 127

　　第四节　"互联网 +"背景下大学生心理健康教育模式建构 ……………………… 130

　　第五节　"互联网 +"背景下大学生网络心理健康教育机制 ……………………… 136

　　第六节　"互联网 +"智能时代大学生心理健康教育路径 ………………………… 139

参考文献 ……………………………………………………………………………………… 143

第一章　新时期大学生心理危机的理论研究

第一节　大学生心理危机研判

运用创伤理论从更加宏观的角度分析大学生心理问题产生的原因，并在此基础上探讨大学生心理危机干预面临的现实困境。大学生心理危机有其普遍的发展规律，从"全方面""全动员""全赋能""全方位"四个维度构建完善的大学生心理危机干预机制，并关注大学生心理危机后的自我重建与升华。

一、研究背景与工具

（一）研究背景

大学生心理健康教育是高校思想政治教育工作的重要组成部分，提高大学生心理健康素质，增强学生承受挫折、经受考验的能力不仅有利于学生的身心健康发展，也有利于高校的安全稳定。受当前政治经济、成长环境、社会思潮等各方面因素的负面影响，大学生心理健康受到了严峻的威胁。据调查，在我国的大学生群体中，有16% ~ 25.4%的学生患有心理障碍，主要表现为焦虑、恐惧、抑郁等。近年来，高校心理危机事件多有发生，大学生的心理问题也呈现出多样化和复杂化的趋势，建立完善大学生心理危机研判与干预工作机制受到各高校的普遍重视，教育部相继出台了《教育部关于加强普通高等学校大学生心理健康教育工作的意见》《普通高等学校大学生心理健康教育工作实施纲要》等文件，这些文件明确表明大学生心理健康教育工作的重要性，也为高校开展大学生心理健康教育提供了依据与思路。

然而，在当前我国高等教育普及阶段，大学生数量庞大、素质参差不齐、教育资源匮乏等问题都给高校心理危机干预工作带来了很大的挑战。当前的大学生心理危机干预机制虽然在处理心理危机行为，降低危机影响等方面有一定的作用与效果，但所有这些干预手段都是在爆发心理危机事件之后采取的，具有一定的滞后性。而心理危机，或者说心理问题最佳的处理时期应该在萌芽阶段，心理问题的预防与预判相比之下就显得更为重要。在创伤理论的指导下，探讨大学生心理问题发生的原因、表现特征，从而有利于更好地研判与预防学生的心理问题，并在一定程度上降低心理危机爆发的影响力。此外，创伤理论还强调创伤后的自我重建，为大学生心理危机后的成长以及高校心理帮扶育人提供了思路。

（二）研究工具——创伤理论

"创伤"（Trauma）起源于希腊语，最初的含义是外力对身体造成的物理性伤害。可见，人们关于创伤最初的研究，集中在外部身体方面。到了19世纪下半叶，在结合维多利亚时期与工伤有关的临床医学和19世纪末的现代心理学后，创伤的研究开始转向人的心理方面。在这方面做出卓越贡献的是弗洛伊德的心理分析学。弗洛伊德认为，"一种经验如果在一个很短暂的时期内，使心灵受到一种最高度的刺激，以致不能用正常的方法谋求适应，从而使心灵有效能力的分配受到永久的扰乱，我们便称这种经验为创伤"。另外，弗洛伊德还提出创伤具有"延迟"和"重复"的特征，为后来的创伤理论研究奠定了基础。

1. 创伤体验的普遍性

受到特定时期的社会背景、政治、经济、文化等诸多因素的影响，生活在同一个历史时期的人都具有普遍的一种创伤体验，这种创伤体验是时代的产物，成为一种集体无意识沉淀在每一个人心里。比如在抗战时期，战争与死亡就构成了那个年代人们普遍的创伤体验；在"文革"时期，政治乱斗是当时人们普遍的创伤体验；到了20世纪90年代，独生子女成长的孤独就成了当时人们普遍的创伤体验。因此，创伤体验具有普遍性的特征。

2. 创伤体验的延迟性

创伤研究者认为，"与时间的距离过近，或过远都无法再现创伤事件"，某一个创伤事件会在人的心理上表现出"滞后性"或"延迟性"。换言之，具体创伤事件给人的创伤体验可能具有一定的潜伏期，在这个潜伏期内，经历心理创伤的人可能跟常人并无差异，仿佛那段创伤经历早已被遗忘。但是，一旦受到某种外界的刺激，这种创伤体验就会被激活，从而给身心健康带来了严重的侵害。

3. 创伤体验的反复性

创伤研究者凯西·卡鲁斯指出，"（创伤）病理学仅仅存在于经验结构或感受，（创伤）事件在当时不会被充分吸收或体验，而是被延迟并反复地侵害受创主体"。遭遇心理创伤之后，创伤事件的负面影响会不断地侵袭心理创伤主体，以噩梦、幻觉、回闪等形式不断浮现，使其不断回到创伤情景，反刍心理创伤的记忆。长此以往，创伤记忆会不断被累加，创伤的体验感不断得到固化加强，从而导致严重的心理危机。

二、创伤理论下大学生心理危机干预的困境分析

心理危机干预是指采取紧急措施帮助当事人解除十分紧迫的心理危机，使其症状得到缓解，甚至消失，心理恢复平和的过程。危机干预主要通过预防教育、早期预警、重在干预、后期跟踪等方式进行。大学生心理危机干预是一项系统的工程，不仅涉及面广、难度大，而且具有一定的危险性。虽然大学生危机干预已经受到广泛重视，从教育部开始，各级教育管理部门都出台了相应的政策文件进行部署指导，各高校也都在危机干预方面积累

了一定的经验，但是由于主客观因素的复杂性，当前大学生危机干预依然面临重重困境。

（一）危机重重——趋同时代背景下，心理问题的普遍性

从 2018 年开始，2000 年以后出生的学生也大规模进入大学学习。大学生中有相当一部分是独生子女，很多来自农村的学生有留守经历，他们是伴随中国经济迅猛发展而成长起来的一代，也是在互联网络全方位包裹下成长起来的一代。成长在这种时代背景下的大学生，相比父辈，虽然在物质生活条件上得到了极大的满足，却具有承受挫折能力差、依赖心理强、以自我为中心等心理行为。当他们进入大学校园后，来到一个新环境，面临角色转换，有相当一部分大学生会出现不太适应等问题，表现出焦虑、迷茫、社交障碍等一系列连锁反应，从而产生一连串的心理问题。其次，中国的高等教育发展到今天，已经顺利完成从精英教育到大众教育的转向，据不完全统计，我国当前在校大学生的数量将近4000 万人，面对严峻的就业前景，复杂的职业市场，有相当一部分大学生会有前途无望、希望渺茫等无力感，在巨大的竞争压力中产生心理问题。最后，在以应试教育为主导的教育体系中，学校和家庭大多只关注学生的成绩，而忽视对其心理状态的关注和人际交往技能的培养，缺少对学生心理素质的锻炼与提升。在这样的时代背景之下，大学生心理问题是具有普遍性的，小到考前焦虑，大到抑郁症，如果不及时介入，有效干预，就有可能爆发严重的心理危机。

（二）危机四伏——多重认知偏差下，心理问题的隐蔽性

相比身体方面的病痛，人们更容易忽视心理方面的问题，因为身体方面的疾病是有形的、具象的，而心理方面的疾病就相对抽象很多。并且，在创伤理论看来，许多心理方面的创伤具有延迟性的特点，因此很多心理问题发生的根本原因可能要追溯到当事人幼年、甚至更早的时期。在这样的情况下，很多患有心理疾病，或者有心理障碍的学生可能就很难及时觉察到自己的心理问题，更不用谈去反思其中的原因，直到心理问题发展到一定阶段，爆发出严重的心理危机时，才被人发现，实际上已经延误了最佳的治疗时机。其次，由于担心孩子在学校会受到歧视，或者承受舆论压力，很多家长会刻意隐瞒孩子患有心理疾病的病史，甚至有些家长在得知孩子已经出现异常行为的情况下仍然拒绝接受，否认孩子心理异常的现实。由于受到传统观念的负面影响，很多家长不能够正确理解和看待孩子的心理问题，其中有不少家长认为孩子的心理问题是孩子不坚强、矫情的表现，这种认知方式在很大程度上恶化了当事人的心理问题。最后，由于对心理问题的认知错误，心理问题常常被"妖魔化"，不仅当事人会有这种认知偏差，旁观者同样也会有这种认知上的错误，把心理问题与"精神病""疯癫"等画上等号，这些认知偏差会给当事人造成很大的压力，不仅会阻碍其寻求援助，更会加重他们的心理负担，引发次生的心理问题。由此可见，多方面的认知偏差是心理问题隐蔽性的主要原因，这在很大程度上降低了心理危机干预的及时性和有效性。

（三）危机迭起——多元因素影响下，心理问题的反复性

心理问题的发生有复杂的内在原因，还有多种多样外在的诱发因素。从某种意义上说，某些严重的心理问题是无法根治的，比如抑郁症、精神分裂等，只能去控制，避免负性事件的影响，防止心理问题的复发。而在学校中，诸如情感困扰、人际关系、学业困难、就业及升学压力无一不是负性事件，由于心理尚未成熟，在面对这些负性事件时，很多大学生不能正确地去面对处理，容易产生思想上的矛盾与冲突，引发心理危机。其次，由于心理问题错综复杂的诱因与个性化的因素，心理问题在矫治上有很大的难度，很多情况下大学生的心理问题在短时间内很难得到有效、有针对性的救治。如此反复之后，有一部分大学生可能就会对心理治疗感到失望，甚至扩大到人生的无望感。最后，很多心理问题产生的原因是在潜意识层面的，就像冰山下层一般无从窥探，在没有正确引导的前提下，当事人以及专业的心理咨询人士都无法察觉，而这种根深蒂固的心理问题，一旦遇到应激事件，可能就会爆发出来，造成反复性的心灵上的折磨。心理问题的反复性给危机干预造成了很大的困难与挑战，不仅给当事人带来持久的身心折磨，对危机干预者来说也是一场持久战。

三、创伤理论下大学生心理危机干预的路径提升

根据创伤理论的观点，心理创伤具有普遍性、延迟性和反复性的特点，这些特点决定了心理危机干预不是一蹴而就的工作，而是系统性、长久性的工程。同样，大学生的心理问题也不是一朝一夕就形成的，而是经过长久的积累，加上外在因素的诱导而产生的，其背后既有历史原因，也有现实原因。做好心理危机干预不仅要求干预者有很强的信息收集和总结能力，能够全面认识并且分析心理问题产生的原因，还要求其具有较强的预判能力，不仅能够准确鉴别、觉察有严重心理问题的学生，而且能预估整个危机干预的效果，这些对心理危机干预来说是一个很严峻的挑战。

（一）全方面——覆盖学生心理信息动态档案

在新生入学之初，通过查档、心理健康普查、谈心谈话、侧面了解等方式建立学生初始心理信息档案。在档案完善和更新过程中，要特别注意以下几类学生，做好重点标注：心理健康普查中有严重预警指标的学生，特别是普查中有抑郁倾向或者有自杀轻生念头的学生；查档中发现家族具有遗传精神病史，或者家长有过自杀行为的学生；患有严重失眠症、情绪持续低落、性格孤僻的学生；身患重大疾病，或者残疾的学生；学业预警，多门考试挂科，或者在考试中作弊受到处分的学生；遭受重大变故，比如亲人去世、家里破产等情况；家庭不完整，包括单亲、离异、重组家庭的学生。以上这几类学生是潜在发生心理危机的高危群体，必须时时关注，做好这几类学生心理动态信息的收集与更新，做好及时的调整与补充，可以充分反映学生的心理变化，有助于全面掌握学生近期的心理变化，及时发现一些苗头性、倾向性的问题。同时，完善学生心理动态的心理健康档案，也有利于提高心理危机干预的准确性和针对性，是进行心理危机干预的最基本要求。因此，及时、全面、

有针对性地建立健全学生动态的心理健康档案不仅是做好心理危机干预的首要要求，更是基本的前提条件。

（二）全动员——建立"四方联动"干预机制

建立"学校—家庭—医院—社会"四方联动的危机干预机制，建立多维度的心理支持体系。心理学家强调在心理危机干预中，实现学校为主，家庭配合、社会参与的多方面支持体系，能够为学生的成长成才提供重要的保障。心理危机干预是一项系统的工程，不是一己之力可以完成的，需要多方的支持与配合才有可能达到预期的效果。学校是大学生活动的主要场所，也是各种人际关系、人际交往发生的平台，同时学校也承担着心理常识普及，以及基本的心理问题咨询与疏导工作。家庭在学生的心理危机干预中有着不可替代的作用，因为有相当一部分学生的心理问题的症结，或者说根源在于家庭，或者说父母的关系，有效的危机干预必须发挥家庭的力量，家庭的配合与支持是危机干预取得预期效果的重要保障。医院是心理咨询与治疗的重要场所，当心理问题发展到一定阶段，超出学校心理咨询中心所能够干预的范围时，必须及时转入专业的心理治疗与咨询医院，接受专业医生的治疗与咨询。社会支持系统的影响也是不可取代的，整个社会应该要提高对心理问题大学生的包容度，理性看待心理问题的现象，给予正面的鼓励、引导社会舆论走向，避免媒体报道、新闻宣传做噱头，大肆渲染，给心理问题的大学生造成舆论压力。

（三）全赋能——提升心理危机干预者的专业技能

现阶段来看，针对学生工作队伍的危机干预培训还不够，心理危机干预机制还有待完善。在面对心理危机事件时，绝大多数学生教育工作者依旧凭借经验，或者根据前辈的经验进行，对于一般的心理危机事件，可能这一套思路仍然奏效。但是在新的形势下、面对新时代的学生，如果仍然采取旧的方法，可能就会有问题。因此，提升学生工作队伍专业的心理危机干预技能，参加定期的培训与学习是非常有必要的。一方面大部分教育工作者并非心理学专业出身，在鉴别、帮扶心理问题学生时，不能够从专业角度进行，从而导致学生的心理问题无法得到及时有效的疏导与排解，甚至会延误最佳的心理危机干预时期；另一方面，作为学生思想教育工作的第一线人员，学生工作队伍在处理学生心理问题又具有其他专业人士所不具备的优势，而加强他们心理方面的专业技能不仅有助于提高思想教育工作的效果，还有利于增强学生工作队伍的心理素质。除此以外，年级、班级的主要干部、心理委员等也应该定期进行相关的培训，作为学生工作队伍的组成部分，他们在心理危机干预的过程中也具有不可替代的作用。由此可见，对学生工作队伍进行相关业务的专业培训，提升其心理危机学生的鉴别能力，提高对心理危机的敏感度与警惕性，以更加专业的方式和方法应对心理危机事件，是提高心理危机干预效果的根本所在。

（四）全方位——健全重点学生的跟踪机制

加强重点学生危机后的跟踪与预防工作是心理危机干预的重要组成部分，也是巩固心理危机干预成果的主要方式。心理问题的反复性决定了学生心理帮扶工作绝对不是一蹴而就的事情，需要长期的跟踪、定期的观察、持久的预防，才能确保心理问题学生的稳定。考虑到心理问题学生压力承受能力较差，过多的舆论压力会适得其反，因此重点学生的跟踪与观察工作，关键在其舍友、主要学生干部的支持与协助，所以用好主要学生干部是建立跟踪机制的关键所在。在心理问题学生宿舍培养心腹学生，安排班级主要学生干部密切关注重点学生的动态，这种关注不仅仅局限于线下日常的学习与生活，还应该涵盖其线上的动态，并做好及时有效的汇报工作。除此之外，营造温暖有爱的宿舍与班集体，增强心理问题学生的归属感，让其体会到集体生活的和谐与友爱，对稳定其情绪，增强心理支持系统是非常有利的。因此，在危机干预的后期跟踪方面，除了打造一批"精兵良将"协助做好重点学生的关注与情况汇报工作之外，更重要的是，要建立全方位的帮扶体系，构造有爱有温度的学习生活环境，不仅有利于防止心理问题的复发，而且还有利于促进同学之间人际关系的和谐，从而预防新的心理问题的产生。

四、创伤理论下大学生心理危机后的自我重建

大部分学者认同一个观点："只有当创伤主体把创伤经验整合成一个'有序的，具体的，并且基于时间与历史背景下的'言说'，才能从创伤的记忆中恢复过来。"根据这个观点不难发现，心理创伤的产生与愈合其实是一个破碎与整合的过程，这个过程虽然是艰辛的、困难重重的，却蕴含着更好的可能和重生的机会。大学生正处在思想和心理发展的关键时期，容易接受和适应新的事物，具有较强的可塑性。从危机的字面上理解，其意思是危险中蕴藏着机遇，如果心理危机爆发已经成为一个既定的事实，那么如何在危机中寻找机遇是心理危机干预的重要议题。大学生心理危机爆发是一个发现问题、寻找症结的过程，而危机干预后的恢复是一个自我完善与提升的过程。

（一）认知的自我重建

由于缺乏全局观念和足够的生活阅历，大学生容易片面地看待问题，有心理问题的学生更甚，他们在看待问题时往往持着"非黑即白"的态度，情绪化和极端化特点显著。认知偏差是造成心理问题的重要原因之一，生活中总有大大小小的负性事件，在面对同样一件负性事件时，心理调适能力强的人能够很好地进行自我疏导与排解，而心理调适能力差的人就容易陷入思维的"死胡同"无法自拔，从而爆发心理危机。心理危机干预的重要环节就是帮助当事人学会正确地看待问题，以更加全面的视角去看待生活中的挫折，并且学会从逆境中寻找希望。认知的自我重建对大学生的心理健康而言是至关重要的，因为心理问题存在复发的可能，如果不改变以往错误的认知观念，在面对新的挫折时就可能会再次出现心理问题，甚至爆发出更严重的心理危机。因此，在心理危机干预中，除了给予当事人外在的鼓励与帮助以外，更要引导学生去勇敢地面对问题，理性地分析问题，以更加客观的方式去看待挫折与困难，积极寻找更好的可能和美好的希望。

（二）价值观的自我重建

具有心理问题的学生往往自我评价过低，或者自我价值感较低，往往会有"自己很没用"或者"自己不值得被爱"的想法，在面对困难与挫折时，容易退缩与逃避，甚至一蹶不振。常常抱有这种想法的学生会陷入一种死循环，在事情还没做的时候，他们就想到了很多失败的结果，从而消极应对，自我放弃；而一旦结果出来以后，如果是失败的，他们又会有一种"自证"心理，认为自己就是这么差劲，这种结果是理所应当的。幼年时期没有得到无条件的爱，加上成长过程中没有获得足够的成功体验，是造成这类心理问题的主要原因。在处理这类心理危机时，危机干预者应该侧重给予他们成功的体验，肯定其克服困难与挫折的能力，激发和挖掘其积极的力量，让他们看到自身的价值和潜能。同时心理危机的克服对他们来说，也是一次不可多得的成功体验，引导他们在心理危机干预中发挥自身的力量，看到自己无限的可能是其完成自我重建的关键。

（三）心理弹性的自我重建

"心理弹性"的英文是"Resilience"，用于表示个体面对生活逆境、创伤等重大生活压力事件时的适应程度，即面对生活压力与挫折的"反弹能力"。有研究表明，心理弹性较高的人与较低的人相比，在经历挫折与压力事件时，有更好的适应能力，更容易避免心理障碍。应激事件是引起心理变化的外在原因，而面对应激事件时的心理承受能力是心理危机是否产生的关键所在。心理承受能力弱、适应性差的大学生在面对新环境、新问题时，心理防线容易出现崩溃，产生恐惧、抑郁等一系列不良的反应，进而爆发严重的心理危机。在爆发心理危机后，通过有效的干预、心理疏导、团体辅导等形式，可以有效提高当事人的心理弹性。在经历困难与挫折以后，心理危机干预后的学生会对困难与挫折有更加深刻的认识，会以更加积极勇敢的心态面对生活中的各种不顺遂，其人格中积极的因素得到激发。增强大学生心理弹性的意义在于提高其承受挫折、经受考验的能力，在危机后获得成长，实现从"他助"到"自助"的过渡，这是心理危机干预的终极目标所在。

（四）支持系统的自我重建

大学生要维持心理健康，需要有一个来自亲人、朋友、同学等多方面的心理支持系统。有很多大学生的心理比较封闭，即使有心理问题也不愿意向周围的人倾诉，长此以往，一旦超越心理承受能力，会必然引发心理危机。心理危机的爆发往往是因为积累了太多的情绪无法得到及时的排解，无法找到宣泄的出口。而那些有心理问题的学生的背后，往往是糟糕的家庭关系或者是不良的人际关系，在出现心理问题时，没有强大的心理支持系统，就容易导致心理危机的爆发。然而，心理危机的爆发却是重建支持系统的良好契机，因为心理危机的产生必然会引起当事人家庭的高度重视，让当事人的家长看到事态的严重性，有利于唤起亲情方面的支持系统。在危机干预中引入家庭的参与不仅是重要的，也是非常必要的，一方面大多数心理问题产生的根源在于原生家庭，探究家庭因素是找到心理危机致因的关键所在；另一方面，家庭的支持是帮助大学生战胜心理危机的坚实后盾。在心理危机干预后，当事人与家庭的关系会得到一定程度的缓解，父母与子女能够在心理危机中学会更加恰当的相处与沟通方式。

关注心理问题是培养健全人格的前提，大学生是社会主义的建设者和接班人，心理健康教育是高校育人绕不开的环节。然而受到主客观因素的影响，大学生心理健康受到严峻的威胁，心理危机事件时有发生，对高校的安全稳定造成一定的危害。创伤理论从更加宏观的角度分析大学生心理问题产生的原因，并在此基础上探讨大学生心理危机干预面临的现实困境，进而提出心理危机干预的优化路径，具有一定的理论借鉴意义。同时，创伤理论也关注心理危机后的自我重建，为高校心理帮扶育人提供了思路。

第二节　大学生心理危机的识别

大学生心理危机的识别与有效应对对于促进大学生心理健康、确保校园安全稳定、筑牢学生心理安全防线具有重要意义。本节对新时代大学生心理危机的表现、类型、特点、成因等进行了分析，并结合大学生实际，提出了善于觉察、勇于面对、敢于求助、成于配合的心理危机自我应对策略。

一、新时代大学生心理危机的含义表现

（一）什么是心理危机

心理危机是指个体或群体运用习惯的应对策略无法应对目前所面临的困境时的一种心理失衡、失序或失控状态。通常只有符合下列条件的才算是心理危机：①有诱发性事件或行为的异常变化。个体在躯体、认知、情绪、意志和行为等方面的出现异常，如出现抑郁、恐惧、悲伤、愤怒、心慌、手脚冰凉等心理、生理和行为的变化。②个体用平时的应对方法无效，因而产生无助、无力和绝望感等。

心理危机对人的影响是双重的：一方面，它会给人带来巨大的冲击，损害人的身心健康，甚至对未来生活留下阴影；另一方面，心理危机能够历练心智，危机中也潜藏着机遇，它能促使个体充分调动心理资源去应对困难，获得再生。

（二）心理危机个体的典型表现

一是认知变化，如悲观失望、自我评价降低、生活意义感缺失、学习兴趣下降等。二是生理变化，如失眠、食欲不振、头痛眩晕、心跳加快、呼吸短促、胸口疼痛、手脚冰凉等。三是情绪变化，如"情绪低落、焦虑不安、无故哭泣、意识范围变窄、忧郁苦闷、喜怒无常、易激怒、持续不断地悲伤、自制力减弱等"。四是行为变化，如个人卫生习惯变差、自制力丧失、过分依赖、孤僻独行、无缘无故生气或与人敌对、人际交往明显减少、行为紊乱或古怪、丢弃或损坏平时珍爱的物品、酒精或毒品的使用量增加等，较为严重者甚至

会流露自杀念想，与身边人谈论死亡或与死亡有关的问题。

二、新时代大学生心理危机的主要类型

（一）境遇性心理危机

境遇性心理危机，是指在生活中出现的由于个人对其无法预测和控制的罕见或超常的事件而产生的危机。境遇性危机带有随机性、突然性、强烈性、意外性、震撼性和灾难性等特点，如意外交通事故、被绑架、被强奸、突发的重大疾病、亲人或同学好友的死亡、父母离异、重大自然灾害等。比如，面对失去亲人的创伤后应激障碍，是典型的境遇性心理危机。这种危机由于事发突然、变化剧烈，给当事人带来极大的震动，容易引发剧烈的心理反应，如果处理不当，则会产生严重后果。

（二）冲突性心理危机

冲突性心理危机也叫存在性心理危机，这是一种伴随着重要的人生问题而出现的内部冲突和焦虑。这种危机往往与重大的人生问题和选择相关联，如人为什么活着、活着的目的和意义是什么、人生的意义何在、我该如何选择等。比如，现在部分大学生存在"空心病"现象，对自己生活或者学习的意义感到困惑、迷惘或者虚无，不知道学习乃至人生的价值和意义，对学习生活工作的兴趣不浓，有些时候会莫名情绪低落，感到非常孤独，注意力不集中，甚至无精打采，这是一种典型的冲突性心理危机。冲突性心理危机不易觉察，持续时间长，内心十分痛苦，也易出现极端事件。

（三）成长性心理危机

成长性心理危机也叫发展性心理危机，这是一种伴随每个人一生中不同阶段都会出现的危机。如环境适应、人际矛盾、恋爱困扰、婚姻困境、家庭冲突、学业压力、考试焦虑、就业困难等。成长性心理危机表现不剧烈，进程缓慢，持续时间长，一旦成功化解，将有助于大学生朝着更加成熟的方向发展。但如果成长性危机事件已远远超出当事人的应对能力，则需要进行干预。

（四）病理性心理危机

病理性心理危机是由某些严重心理障碍、神经症或精神病性问题所引发的心理危机，比如抑郁症、焦虑症、强迫症、恐惧症、精神分裂症等。也有的是由失范行为或犯罪行为引发的危机，比如品行障碍、违纪违法等。病理性心理危机需要进行专业的干预才能解决，精神病性的问题必须接受精神科专业医生的诊疗。

三、新时代大学生心理危机的特点分析

（一）时代性

中国特色社会主义进入新时代，当前大学生大部分为"00后"，他们面临的心理危机具有鲜明的时代性。当代大学生面临的学业困扰、就业困难、创业困境、婚恋压力、房价压力、舆论压力等都呈现出新的特点，除了焦虑、抑郁、强迫等常见的心理问题，"空心病""佛系"等现象也成了当代大学生生动的心理写照，大学生还经常面对着理想与现实的冲突、自我与他人的冲突、驱动与回避的冲突。此外，还面临着贫富差距、环境污染、隐私泄露、健康隐忧、风险隐患等诸多不确定、不安全的因素。这些问题一旦应对不好，就很容易产生心理危机。

（二）易感性

正处于青年初期的大学生是心理危机的易感人群。大学时期年龄一般都为18—25岁，虽然生理成熟，但心理发展处于由不成熟向成熟发展的过渡阶段，社会性发展相对滞后，认知容易出现偏差，心理容易出现各种矛盾与冲突，心态容易失衡，情绪容易失控，存在潜在的风险。如果负性情绪蓄积太久，容易做出极端和偏激的行为，引发极端事件。近年来，大学宿舍发生的几起典型的事件就是深刻的教训。例如，2004年的马加爵事件，由于马加爵的不良情绪长期没有得到合理的疏导，最终因一件小事导致其心理危机的爆发。

（三）多重性

当代大学生个性张扬、价值观念多元多样，加之历史虚无主义现象时有抬头，西方对我国意识形态渗透从未停止，大学生经常对一些问题和看法的认知能力有限，辨别是非真伪能力不强，容易引发各种内心冲突。比如，对于什么是对的、什么是错的经常会存在困惑，对于教材上和老师讲的与自身亲眼看到的现实经常存在出入时该相信谁？面对身边各种过度消费、超前消费、攀比消费等现象，是否该继续保持节俭的消费观？面对市场经济的深刻冲击，该追求金钱和享受的生活还是继续坚守心中的理想？这些困扰都容易引发大学生的心理冲突和危机。

（四）动力性

心理危机是伴随着人的一生必然发生的，只要人活着，就会有危机。在大学生活中，伴随着角色转化、环境适应、人际交往、恋爱受挫、学业压力、就业焦虑等出现的心理危机并不都是负面的，机遇与风险同在，挑战与考验并存，危机与成长共生。一些心理危机具有动力作用，能够促使大学生在应对危机中增强积极心理资本，变得更加自信、乐观、更具韧性、活力，获得更多心理成长的力量。

四、新时代大学生心理危机的产生原因

（一）角色转换难以适应引发心理危机

在成长和发展过程中，每个人的角色都会随着时间地点和条件的变化而变化，但如果不能较好地适应，就容易引发心理危机。从高中学习到大学学习，学习方式、内容和途径都发生了很大的变化，有的同学难以适应大学"放养式"的学习模式，因此感到不知所措，有的同学对于自己没能考上理想的大学而灰心丧气。从家庭生活到宿舍生活，有的同学第一次尝试集体生活，与同学在生活方式、兴趣爱好等方面存在很大不同，又不懂如何与同学进行正确的沟通，因此容易产生摩擦和矛盾。此外，部分大学生可能还会遇到异地上学水土不服、宿舍矛盾、人际冲突、失恋、挂科，甚至家庭变故等多重生活应激源。这些都容易导致大学生的各种心理危机。

（二）多元价值深刻冲击引发心理危机

从教育本身发展的角度来看待教育供给侧结构性改革的必然性。随着高等教育普及率日益提升，高等教育的供给数量得到了极大增长。但以陈晨明为代表的一批学者通过对高等教育的人才培养跟踪分析，发现高等教育的供给质量没能有效提升，出现了人才培养供需之间不一致的现象，主要体现在学校给予求学者的知识技能与求学者潜在的知识技能需求不一致、与用人单位对劳动力的工作岗位技能需求不一致，即高等教育在人才培养方面出现了结构性失衡现象。具体到人才培养的各个环节上，主要体现在以下三个方面：专业设置与社会经济发展需求的不匹配，课程资源建设内容与行业企业对知识技能的要求不匹配，求学者的实操技能与工作岗位的实际需求不匹配。

（三）现实社会转型变革引发心理危机

当前，我国社会正处于全面转型变革当中，经济发展处于由中高速增长到高质量发展的转型升级中，发展不平衡不充分的问题突出，传统行业深受挑战，社会竞争激烈，生活节奏加快，部分地区环境污染较为严重，这些都很容易引发大学生的焦虑和不安全感。加上有的高校专业设置与人才培养模式同社会市场不接轨，无法满足社会的需求，人才培养与市场需求不匹配，大学生就业难度增大、创业风险增加，甚至有的学生一毕业就面临失业的处境，这也给部分大学生带来了潜在的危机。

（四）网络世界险象迭生引发心理危机

当代大学生是互联网时代的"数字土著民"，他们从一出生就开始接触互联网，深受互联网的影响。大部分学生习惯于通过 QQ、微博、微信等新媒体进行虚拟社交，通过百度、知乎、搜狐、手机 APP 等网络平台收集资料、获取信息，通过支付宝、天猫、当当、京东等网络交易；部分大学生整天沉迷于"王者荣耀""英雄联盟""吃鸡"等网络游戏，喜欢通过直播、抖音、自拍等方式进行自我呈现。网络已然成为当代大学生学习、娱乐、

消费的重要场域。但网络风险也无处不在、无时不有。如今，网络攻击、谩骂、色情、诈骗等现象时有发生，各种网络乱象层出不穷，网络舆论经常一触即发，大学生很容易成为网络生活的受害者。有的大学生深受校园贷、网络贷、网络诈骗等的伤害，导致出现抑郁、焦虑、恐惧、失眠等各种心理和生理方面的非适应现象。网络风险呈现出各种新的形式和形态，都容易引发大学生的各种心理危机。

五、新时代大学生心理危机的自我应对

（一）善于觉察

觉察是应对危机的第一步，也是改变现状的基础。大学生在遇到心理危机时，首先要觉察自己对危机事件和自我的认知、情绪和感受。经常问问自己现在的认知是否存在以偏概全、糟糕透顶的偏差？目前的情绪状态有利于应对危机、解决困难吗？要经常问问自己真正想要什么、能做些什么，哪些是通过自己的努力可以控制的，哪些是不可控需要主动适应的。要经常进行积极的自我暗示，善于觉察自己拥有或可以利用的资源，给自己以积极的能量和力量来应对危机。

（二）勇于面对

遇到心理危机并不可怕，可怕的是不敢去面对它，或选择逃避。大学生要认识到心理危机是普遍存在的，当遇到危机时，要全面分析危机发生的原因，辩证看待心理危机带来的影响，多看到心理危机的积极意义。要相信"否极泰来""不经历风雨怎能见彩虹"的道理，不要总是怨天尤人，要学会在困境中把握机遇，获得心理成长。

（三）敢于求助

"自助者天助"。大学生要增强"自己是心理健康第一责任人"的意识，遇到心理危机要主动寻求帮助，不要等待，可以将自己真实的困难和痛苦告诉值得信任的人。"一个篱笆三个桩，一个好汉三个帮"，大学生要相信有人愿意帮助你、支持你，既可以向辅导员、校心理咨询中心寻求帮助，也可以向心理热线或校外的心理咨询人员寻求帮助。

（四）成于配合

如果寻求心理咨询，要积极配合心理咨询师。心理咨询并不是一次就能解决心理危机，可能需要反复多次去见咨询人员或心理医生。如果到医院精神科诊疗时医生有开药，要严格按照医生的嘱咐坚持服用，不能擅自断药。特别是对于存在严重心理问题、神经症和精神病性问题危机的学生，更需要积极配合治疗，才能有效度过危机。

第三节 大学生心理危机干预

为了解决日益普遍、严峻的大学生心理危机问题，本研究提出了积极心理学视角下的心理危机干预模式。一方面，要从"内生力量"和"社会支持"两个方面强化大学生心理危机应对的积极力量，实现"救火队"工作模式到"防疫者"工作模式的积极转变；另一方面，重视"以幸福为中心的生命教育"和"以逆商为中心的挫折教育"的积极心理危机预防工作，践行"基于积极心理品质测查的心理潜能激发"和"基于积极心理支持建构的心理资本聚力"的积极心理危机干预工作，实现"被动干预"到"主动预防"的积极转变。

意外人身伤害、公共卫生事件、突发自然灾难，包括作弊、失恋、求职等心理应激事件给大学生造成了难以承受的心理危机，甚至会导致自杀等悲剧，因此高校的心理危机干预工作受到了教育相关部门、高校和学生家庭的高度重视。但是当前的大学生心理危机干预工作还存在着预防不足、干预滞后、干预不彻底、干预病理化等缺陷，本研究将基于积极心理学在大学生心理危机干预中的适用性分析，提出大学生心理危机的积极应对结构和大学生心理危机干预的实施路径。

一、积极心理学在大学生心理危机干预中的适用性分析

（一）突发应激事件的不可控性与积极化心理危机预防的重要性

意外事故、自然灾难、公共卫生事件等突发应激事件的发生具有不可控性，甚至具有一定的必然性，这就使得有人认为心理危机预防是一个难以实现的"伪命题"。心理危机干预理论创始人卡普兰认为心理危机（Psychological Crisis）是个体在遭遇突发重大应激事件时，运用个人常规应对方式无法解决后，出现的情绪混乱、行为偏激或人格解体的心理失衡状态。如此来看，突发性的心理危机事件并不是心理危机出现的充分必要条件，个体的心理应对品质也是决定是否出现心理危机的关键因素。这就意味着尽管心理危机事件的出现是不可控且无法绝对预防的，但是从优化个体心理应对品质的角度可以做到心理危机的预防。

突发危难事件的不可控性决定了心理危机是一种常态，特别是对心理矛盾性明显、抗逆力脆弱的大学生群体而言，心理危机具有较大的人群普遍性、发生常态性和后果恶劣性，这就要求高校的心理危机干预工作要着力提升大学生的积极心理品质。积极心理学倡导以个体的积极情绪体验、积极人格品质和积极组织氛围为工作要点，优化个体的辩证思维、勇气、意志、善良、自控、乐观和希望等积极心理品质，一方面以积极的应对方式面对生活中的危难，达到降低心理危机发生概率的目的。一方面凭借积极的心理品质抗御心理应激事件，达到降低心理危机伤害性的目的。因此，积极心理学是大学生心理危机工作创新

变革中的重要思路，危难事件无法先知、难以预防，但是抗击心理应激事件的积极心理品质却是可以未雨绸缪、尽早提升的。

（二）传统心理危机干预的病理化与积极心理危机干预的优越性

传统的大学生心理危机干预以"哀伤辅导"为主要工作思路来处理应激事件给大学生带来的心理失衡状态，以症状的出现作为危机干预工作的起始点，也以症状的消除作为危机干预工作的结束点，这种危机干预模式具有一定的心理治愈效用，但是也存在着一定的不足：①心理危机处理不彻底。"哀伤辅导"为代表的心理危机干预模式更多的是运用情绪舒缓、放松减压和社会支持等方法实现干预对象的短期心理适应，而造成心理危机的根本原因（社会认知偏差、心理韧性不足和危机易感性强等）没有得到深层解决，这就无法避免同类事件继续对危机对象产生严重不利影响的可能性。②心理危机的后续追踪不足。事实上，危难事件造成的心理危机往往具有潜伏期，如创伤后应激障碍通常出现在强奸、致残、丧亲等恶劣事件的三个月后。③心理危机干预对象不全面。灾难幸存者和灾难急性心理障碍不明显的大学生也是心理危机干预的重要对象，可能会遭受"污名化标签""社会性歧视"和"自罪倾向"等心理危机风险。

甚至一些高校在心理危机干预工作中还存在着行政化思维，在学生陷入心理危机后首先以维护校方的"良好形象"为目的开展危机公关、责任处分等工作，或者粗暴地把学生的心理危机处理工作交给家长或医院等机构，甚至以"休学、劝退"避免学校责任。

积极心理学视角下的心理危机干预不再止步于心理应激状态的解除，也不再单凭危机干预人员的专业力量开展心理危机干预，而是激发危机干预对象的积极心理潜能来对抗心理危机状态，并且注重干预对象在危机处理过程中的积极品质塑造以防患于将来可能出现的心理危机，具有更加深刻和长效的治疗意义。

（三）当前心理危机预警的滞后性与积极心理危机干预的必要性

传统的高校心理危机干预基本以事后干预为主，通常在心理应激事件出现后或心理危机产生后才采取相应的应急干预措施。如今，大部分高校心理危机干预都引入了"学校心理健康中心（专业咨询师为主）—院系（辅导员为主）—班级（心理委员）—宿舍（心理联络员）"的四级心理危机预警机制，希望以此来防患于未然。然而这一系统化程度很高的心理危机预警机制依然只起到"亡羊补牢"的作用，未能摆脱其滞后性的问题。四级心理风险防控系统是一个垂直组织，任何一个节点人员的专业性和尽职度都会显著影响到心理危机干预的及时性和有效性，然而这些节点人员的专业性和尽职度并没有绝对保障；四级心理风险防控机制依然是以危机事件和学生的异常反应为基本汇报指标，做到了"早发现"的心理防控目标，无法从根本上预防心理危机。

从"被动干预"到"主动预警"体现了高校心理危机干预工作的进步性，但是都存在滞后性的缺陷。积极心理学实现了从"被动干预"到"主动预警"再到"积极预防"的升级变革，工作场景从突发危机事件转移到了日常的积极心理教育中；工作对象从心理危机对象转移到了全体的大学生群体中；工作目标从危机状态的解除转移到了积极心理能量的塑造中，工作思路从及时预警和快速干预转移到事先预防和积极防控中。据此，本研究进一步提出了积极心理学视角下的大学生心理危机干预的框架设计和实施路径。

二、积极心理学视角下的大学生心理危机应对结构探索

不同于其他的心理危机干预模式，积极心理学视角下的大学生心理危机干预更加重视大学生自身对心理危机状态的积极应对、主动防范与正向抵御。心理学家勒温在社会行为的形成中提出了 B=f（P，E）的模型，社会行为（behavior）是个体内在因素（Person）和社会环境（Environment）综合作用的结果。大学生的心理危机是其常规应对方式无法承受外在危机事件刺激时出现的心理紊乱状态，那么，大学生的心理危机积极干预模式就需要一方面着力优化其内在的积极应对力量，另一方面要在提供必要的外在支持的条件下重点提升其社会支持领悟能力和运用能力。

（一）内生力量

大学生心理危机应对的内生力量是大学生自身所具备的对抗心理危机压力时的心理资本。积极心理学认为，个体存在着消极和积极两种此消彼长的心理能量。当个体出现心理障碍时，既可以通过降低消极能量的方法直接解决心理危机，也可以通过建设积极心理能量来对冲心理危机的负面影响，并且后者具有更大的可能和更快的效能。大学生心理危机的内生力量主要包括积极认知风格、积极人格品质、积极能力品质和积极危机意识四部分。

1. 积极认知风格

大学生在面对突发性应急事件时最先、最快起作用的便是其对危机事件的认知风格。认知风格不是根据事件的特殊性出现的具体化认知方式，而是一种自上而下的常规化稳定认知模式。换句话说，并不是危机事件决定了某个大学生会持有某种必然的消极认知，而是某个大学生的认知风格决定了他对危机事件的看法与评价。正如心理学家埃利斯的ABC 理论所述，导致心理问题的不是客观事件本身，而是对客观事件的看法和评价，绝对化要求、过分概括化、糟糕至极等不合理信念是心理危机出现的重要预测变量。

相同的危机事件发生在不同的人身上会有不同的结果，其中起调节作用的便是个体的认知风格。心理学家 Lyn Abramson 的研究表明，把消极事件归因为内在的、整体的、稳定的因素更容易导致抑郁等心理问题，而把消极事件归因为外在的、局部的、不稳定的因素则不容易发生心理问题，前者为抑郁型认知风格，后者为乐观型认知风格。积极心理学认为个体的认知风格、认知风格或解释风格是后天习得的，通过积极训练个体可以具备乐观型解释风格，这一内生积极力量将有效地降低心理危机的发生概率。

2. 积极人格品质

已有研究表明，出现心理危机的大学生个体通常具有性格内向自卑、孤独冷漠、自尊水平较低等共性特征。这就说明人格是大学生心理危机的重要区分变量，积极人格品质在

抵御心理风险上具有较大的优势。积极心理学非常强调积极人格品质在心理治疗和个体发展中的作用，甚至认为积极心理品质的发展就是个体发展的目标。

"乐观""希望"等积极人格品质能够帮助大学生在危机当中看到新生，激发转危为机的潜能；"友善""社交智慧""团队精神"等积极人格品质能够帮助大学生获取社会支持、增强协作能力，借力解决心理危机或走出现实困境；"坚韧""勇敢""热情"等积极人格品质能够帮助大学生增强心理弹性，直面突发应激事件带来的苦难。总之，在积极人格品质有优势的大学生一方面能够降低心理危机易感性从而不易落入心理危机的困境中，另一方面也能够积蓄充分的积极心理能量从而克服心理危机。

3. 积极能力品质

如果说人格和认知风格是大学生心理危机应对的恒定、被动资本，那么，积极的能力品质是大学生积极应对心理危机的主动内生力量。能力是个体顺利完成某种任务的基本心理条件。心理危机的解除需要大学生凭借强大的挫折耐受力和灵活的心理调控力来得以实现。针对大学生常见的心理危机，有效的积极能力品质包括挫折耐受力、情绪调控力和幸福获取力。

第一，挫折耐受力。挫折耐受力是指个体在遭遇挫折时能够抗御心理压力，避免心理失衡和行为失常，走出心理困境的能力，也有研究把这一种能力称为心理韧性、心理弹性或心理逆商（Adversity Quotient）。挫折耐受力强的大学生能够在突发应激事件发生后依然保持生命的活力和生活的热情，积极从自身角度寻求问题解决方法以突破困境，而不是自怨自艾或者怨天尤人。

第二，情绪调控力。大学生的心理危机状态通常伴随着抑郁、焦虑、愤怒或恐惧等消极情绪状态甚至情绪崩溃状态。这就需要大学生具备认知调节、人际调节、宣泄调节等情绪调控手段和冥想、腹式呼吸、肌肉松弛、睡眠节律调节等放松减压方法，得以较早、较快地走出负面情绪的困境。

第三，幸福获取力。积极心理学视角下的心理危机应对策略不止步于危机状态的解除，而是从根本上增强大学生的幸福感来对冲已然存在的心理危机和预防可能出现的心理危机。这就需要大学生具备积极的幸福价值观和幸福获取力，一方面辩证地看待生命的价值和生活的意义追求自我实现式的心理幸福，另一方面以豁达的态度接纳生命中必不可免的危难并从中寻求"痛并快乐着"的幸福。

4. 积极危机意识

除了积极的认知风格、人格品质和能力品质之外，积极心理学视角下的大学生心理危机应对还必然包括大学生对心理危机的基本意识。积极的危机意识是有效调动积极认知风格、积极人格品质和积极能力品质的原动力。

首先，合理化对危机的认识。突发事件、意外事故均在正常的防范能力之外具有不可控性。大学生的心理正处于自我同一性的延缓偿付期具有矛盾性、脆弱性和不成熟性，再加上学习困难、考研（升本）失利、作弊被抓、失恋分手、求职失败等大学生危机事件时有发生，这就导致当代大学生的心理危机是一种常态，对自己可能出现的心理危机持有淡定、平和的心态。

其次，积极的危机求助意识。已有研究表明，不少身陷心理危机的大学生并没有一开始就寻求社会支持和外力帮助，甚至已经走到自杀边缘的一些大学生也没有向他人发出求救信号。尽管可以从"习得性无能为力理论"的层面理解遭遇心理危机的大学生已然丧失了求助的信心和效能，但是没有明确的求助意识确实让本来不会发生的悲剧重复上演，这就越发彰显出在日常心理教育中提升大学生心理危机求助意识的重要性和必要性。

（二）社会支持

积极心理学的三大研究领域包括积极心理品质、积极情绪体验和积极社会组织。前两者是大学生积极应对心理危机的内生力量，而积极社会组织会以外在支持的方式影响大学生对心理危机的应对效果。

1. 社会支持的建设与重构

人是社会性的群居动物，社会支持对人的心理健康状态和心理问题解决起着至关重要的作用，尽管身陷心理危机的大学生更多地要凭借内生力量来处理心理危机，但是撬动危机解决的支点或者起点确是社会支持系统的建设与重构。

第一，情感支持系统的建设与重构。大学生在应对心理危机时需要充分的情感支持和心理帮扶，学校心理咨询师、辅导员、班主任是重要的引导者和鼓励者，特别是家庭的支持和同辈的辅导在大学生心理危机康复中起到至关重要的作用。这就需要大学生一方面要建构合理的心理支持网络，另一方面要基于对自己情感支持网络的审视重构强有力的情感支持系统。

第二，赋能支持组织的建设与重构。教育、卫生、民政、政法、公安和团委等系统都是大学生心理危机干预的重要赋能机构、支持组织和干预力量。高校的心理危机干预要积极引入各种心理危机干预的有效力量，大学生要从多个层面、多个角度、多个系统中寻求现实问题的解决方法和心理危机的支持力量。

2. 社会支持的领悟与运用

已有研究表明，身处心理危机的大学生并不一定是缺乏社会支持的来源，而是他们未能感受到社会支持网络带来的正向支持，或者不能恰当地运用社会支持使之转化为心理支持。这就需要引导大学生积极地看待自己所拥有的社会资源和心理支持，充分地运用自己的积极社会支持网络。

相比较于社会支持的建构与重构，社会支持的领悟与运用是积极心理学视角下的心理危机干预模式更加重视的因素。一定程度上讲，某一大学生所拥有的社会支持网络的数量、性质和质量是一个既定的常量，很难短时间内实现质的变化，但是对社会支持的领悟与运用可以通过积极引导和积极训练实现显著优化。

综上所述，积极心理学视角下的心理危机应对结构应包括积极认知风格、积极人格品质、积极能力品质、积极危机意识等内生力量和社会支持的建设与重构、社会支持的领域与运用等社会支持，本质上实现了以危机干预人员为主导的"救火员中心模式"到以心理危机干预对象为主导的"防疫者中心模式"的转变。

三、大学生心理危机工作的积极化路径

不同于传统的心理危机干预模式，积极心理学视角下的大学生心理危机工作更加重视心理危机的常态化预防工作，并且不只是刻板式地开展心理健康教育课程，而是以"积极心理学"为灵魂引领科学化、具体化的积极心理危机预防教育活动。同时，积极心理学视角下的心理危机干预工作也不再是"明知不可为"地去解决现实困难，也不只是单纯地解除或被动地接受当前的心理失衡状态，而是通过激发干预对象的积极潜能来长效、彻底地解决心理危机问题。

（一）积极心理危机预防

1. 以幸福为中心的生命教育

心理危机，特别是自杀等严重的心理危机威胁着大学生的生命健康安全。正如一位心理危机当中的大学生所言"我不怕死，但我怕活着""别说是追求幸福，活着对我来说已经是竭尽全力了"，这就意味着生命教育对预防心理危机有着极大的必要性。

以积极心理危机预防为目的的生命教育核心是让全体大学生意识到生命的价值、存在的意义，让大学生掌握幸福的能力、快乐的真谛。一些大学生认为幸福是远高于"活着"的生命层次，这根本上是降低了生命的意义且夸大了幸福的难度。事实上，生命的全部意义就是幸福，而幸福的条件只需要保证自己活着即可。儒家讲求以"仁"为核心的精神富足给自己带来的幸福，"一箪食，一瓢饮，在陋巷，人不堪其忧，回也不改其乐"，正是因为颜回可以在"仁、义、礼、智、信"中实现自己的人生价值，陋室中的温饱生活也无法击垮颜回的幸福状态。道家讲求以"无为"为核心的天人合一给自己带来的幸福，"祸福无门，唯人所召"，祸福得失是自然规律，喜怒哀乐是心理常态，看淡得失就是幸福的能力。当然看淡得失的"无为"不是避世、沉沦，如庄子所言"物物而不物于物"，追求成功、物质等外物并没有问题，而是不要沉迷于外物。这就显示了一个人的幸福可以超然现实的得失忧患之上。

以幸福为中心的生命教育的重点不在于是否得到"或然"的幸福，而在于能否从"实然"的幸福出发，以乐观的态度审视生活，以豁达的态度应对失败，以幸福的态度享受生命。据此，本研究认为与其说幸福是一种状态或体验，不如说幸福是一种能力或观念，通过以幸福为中心的积极生命教育必然会优化大学生的幸福观，增强大学生的幸福力，最终体验到持续的、真实的幸福感。

2. 以逆商为中心的挫折教育

心理危机是个体的常规应对方式和既有心理资本无法抵御突发的、重大的心理应激事件的结果。这就需要积极心理学模式下的大学生心理危机预防工作要着力增强大学生应对突发应激事件时的积极心理资本。

大学生正处于自我同一性的心理延缓偿付期，有着较为旺盛的自我探索需求和较为沉重的人生发展任务，学业困难、就业困难、恋爱波动、社交障碍，包括家境悬殊等因素对大学生的心理考验不断普遍化、严峻化，再加上当代 00 后大学生独生子女的比例较高，普遍存在着挫折耐受力较弱的心理特点，这就导致当代大学生对心理危机事件的风险抵御能力不足。大学生的学业进步和人生发展不仅需要高超的智商和情商，逆商也成为大学生抵御心理危机、走出现实困境和应对人生考验的重要心理品质。

以逆商为中心的挫折教育一方面要完善大学生的积极应对方式，训练和践行"解决问题""求助""合理化"等成熟型的心理应对方式，避免和减少"退避""幻想""自责"等消极的心理应对方式；另一方面要增强大学生的心理韧性，强大的心理韧性来自一次次逆风翻盘的经历，来自一次次凤凰涅槃的过程，"艰难困苦，玉汝于成"，在挫折训练、事后复盘和积极反思中锻造坚韧的心理弹性挖掘积极的心理能量，不仅不怕困难，还能解决困难；不仅不怕失败，还能从失败中汲取营养；不仅不怕危机，还能从危机中找到契机。

积极心理学视角下的心理危机预防工作实质就是心理危机相关的教育工作。但是需要指出的是：首先，积极心理危机教育并不是体现为心理危机的事后应对知识和技能的输出，而是体现在积极心理品质、积极情感体验和积极社群组织的心理资本建设上。其次，积极心理危机教育并不仅仅局限于心理健康教育课堂，校园心理文化建设、心理拓展训练、团体心理辅导和社会实践锻炼才是更加有效的教育方式。

（二）积极心理危机干预

危机事件的突发性和个别大学生积极心理资本的脆弱性，使得心理危机的存在成了一种必然的常态。不同于其他心理危机干预模式，积极心理危机干预模式更加重视危机干预对象本身的力量和危机干预的长效作用。

1. 基于积极心理品质测查的心理潜能激发

大学生心理危机干预是一项个性化的心理个案工作。不同的个案应该采用不同的应对策略。积极心理危机干预模式的个性化策略依据不是触发事件的个性化差异，而是干预对象在积极心理品质上的个性化区别。这是因为，积极心理学视角下的心理危机干预模式认为，解除心理危机的根本力量和长效力量是危机干预对象自身，能够激发大学生自身的心理抵御能力和心理康复能力才是解决心理危机的最短捷径和最终归宿。

塞利格曼等人研发的《积极心理品质量表》和孟万金等人编制的《大学生积极心理品质问卷》都可以作为了解危机干预对象积极心理品质的重要手段。基于大学生危机干预对象积极心理品质的客观、量化解读，积极心理危机干预重点，在于激发和引导干预对象运用既有的积极心理品质一方面来抵御心理危机事件造成的心理失衡，一方面开辟新的建设性活动促使心理基本面变得积极化。

2.基于积极心理支持建构的心理资本聚力

不同于常规心理咨询，大学生心理危机干预面对的问题更加严重，同时对问题解决的时效性要求更高，必须借助相关联的社会支持力量来促进心理危机状态的尽快解除。特别是在积极心理学视角下的心理危机干预模型看来，积极心理支持的建设不仅是解决问题的方法，更是危机干预的长效目标。

具体而言，大学生的积极心理危机干预模式首先要为身处心理危机的大学生提供必要的社会支持和心理支持，支持、鼓励大学生形成稳定的心理抗逆效能感和心理成长自信心，启发、引导大学生找到问题解决的创新性路径；其次，帮助大学生构建和评估社会支持网络的来源、数量、质量和有效性，特别注重家庭、同学、好友等社会支持的领域与运用。但是这不等同于一般意义上的社会支持，需要基于积极心理组织相关理论评估当前的干预对象的人际网络的效价，有的时候父母、舍友并不一定是积极的心理支持来源。总之，通过积极心理支持网络的建构、评估和重构等工作，聚合成为大学生对抗心理危机、预防心理危机再次发生的心理资本。

第四节　大学生心理危机干预体系

大学生心理健康教育是思想政治教育的重要组成部分，是一项专业性较强的助人工作。大学的心理危机事件不是孤立的事件，已成为具有一定代表性和典型性的社会问题。建构科学、有效的心理危机干预体系至关重要。本节从危机干预的角度出发，对建构大学生心理危机干预体系提出了建议。

我国经济正在高速发展，大学生的价值观也在变得越来越多元化，但是大学生也面临着很多挫折和压力的挑战，很多大学生在这个阶段容易陷入心理危机当中，从而出现较为严重的过激行为，这不仅会威胁到当事人的生命安全，而且会影响到家庭、校园和社会的稳定。心理危机是由于某些因素所诱发的心理状态失调的情况，为了提升大学生的心理素质、进一步促进校园及社会的安全稳定，高校采取合理而有效的手段对大学生心理危机进行预防及干预是极为关键的。

一、大学生心理危机与心理危机干预

（一）心理危机与心理危机干预概述

我国学者在进行心理危机的相关研究时，对心理危机的概念通常采用美国心理学家G.Caplan的观点：心理危机是一种暂时性的心理失衡状态，产生的原因往往源自某个或者某些困难的情境，此情境是心理危机出现者当下没有足够能力应对的，这种令其感到困难的情景导致心理困扰的出现并形成心理危机。

　　心理危机干预是一个较为短期的过程，此过程是为那些经历过心理危机以及正在面临心理危机的人提供支持，帮助其更快地恢复到心理平衡状态。危机干预是以简短的心理治疗为基础进一步发展而形成的治疗方法，能够有效地解决心理危机的问题。心理危机干预主要是在发生严重的突发事件之后，针对面临心理危机的大学生采取快速、高效的应急方式对其进行干预，采用较为合理的方法对应急事件进行处理，从而使其能够度过危机，帮助其逐渐恢复到心理平衡状态。

（二）大学生心理危机的研究现状

　　目前，人们对于大学生心理危机的认识仍然不够全面，有些文章当中甚至会出现一定的误解，因此对其进行正确的认识和界定是极为关键的。在国内学者对大学生心理危机的系列研究中，关于大学生心理危机概念的界定较少，其中比较有代表性的有：邵昌玉提出大学生心理危机主要是指高校学生运用寻常应付方式不能处理，由于无法克服心理冲突或外部刺激而对所遇到的内外部应激事件所发生的一种反应；高留才认为心理危机是指当大学生受到一些突发事件或面对的困难情境超过了他解决此类问题的能力时而产生的暂时心理困惑。

二、当前大学生心理危机干预存在的主要问题

（一）心理危机识别不精准

　　目前，我国高校对心理危机的干预意识不强，仍未形成危机精准识别的干预机制。大学生心理危机出现的原因复杂，学业问题、经济问题、家庭环境、生活事件、个性心理等因素均可能会影响大学生的心理健康，情况严重的甚至会引发心理问题产生心理危机。大学生的心理危机具有隐匿性、变化性和反复性，其自身难以察觉，同时，我国高校在处理大学生心理危机时也存在着经验不足等问题，这导致大学生的心理危机难以被准确识别。

　　此外，我国高校的心理健康工作者的能力培养体系并不完善，这导致了部分心理健康工作者对心理危机干预专业知识了解不够深入，专业化标准尚且未到达标。同时，这也与高校辅导员的专业背景相关。在我国目前的高校辅导员专业背景中，教育学、心理学、思想政治学等相关专业出身的辅导员比例并不高。然而具备教育学、心理学、法学、社会学、思想政治学等社会科学的知识却是准确高效地应对和处理学生心理突发事件的基本条件。虽然有些高校采取了变通的办法，会求助于专业机构来处理大学生心理危机事件，从而弥补专业性不足的缺憾，却很大可能使心理危机无法在第一时间内得到化解，错失了消除危机的最佳时机。

（二）心理危机干预模式僵化

　　在大学生的心理危机干预中，通常更加倾向于采用自外而内的单向干预模式。通常个体在遭遇了一些主观感受超过其承受能力且仅凭个人力量已无法实现心理平衡的事情时，

必须通过外界的介入，才能使其有进一步的调整。这种外界主导的单向干预，在一定程度上是较为合理的，但个体的长期消极被动导致其主观能动性的压抑这一局限性也不容忽视。

马克思主义哲学的辩证法告诉我们，任何事物都是内外因素相辅相成的结果，内因决定事物发展方向，是根本；外因促进事物变化，并通过内因对其进行作用。所以我们对于大学生心理的危机干预，除了重视外部导向的模式，也应该对于个体自身的潜能来进行调动，从而能够使得其心理平衡得到进一步的恢复。在内外并行的新型模式处理下，大学生的危机个体有着较为动态的特点，个体对于危机的应对潜力被激活与唤醒，主观上克服危机的积极性被提高，从而能更有效地使用外界的支持和帮助，共同战胜心理危机。

（三）心理危机干预力量单一

在进行大学生心理危机干预时，干预主体存在着单一化的问题。大学生远离家庭，尚未步入社会，在大学校园内学习和生活，学校应当承担问题学生的心理危机干预责任，一旦出现心理危机，学校就会当即采用预案来介入，为防止危机事件发生赢得了宝贵的时间。但家庭和社会却在干预过程中地位缺失，其作用没有得到充分的体现。这种割裂了学生和家庭、社会之间的关系，把整体的问题只是放在学校这个层面来考虑，没有全面地探讨大学生心理危机的复杂性，使得问题简单化的状况势必会影响干预成效。

大学生心理问题的产生受到多种因素的影响，家庭因素是其中非常重要的一方面。很多危机的诱发因素在于家庭，比如经济的问题、父母离异等；因此，家庭对孩子心理健康的主要作用和当前家庭干预心理危机的缺失形成的反差值得关注；同时由于大学生还没有走向社会，和社会的联系是较弱的，但是社会上有着较为丰富的危机干预资源，比如说专业的心理辅导以及较为先进的医疗条件等，在这个情况之下，学校需要将心理危机学生转到专业的医疗机构进行诊治。

三、大学生心理危机干预体系建构

（一）建立心理危机反馈识别系统

高校为了有效地帮助学生化解心理危机，需要构建快速、高效的反馈识别系统，以在学生出现心理危机时能够及时干预、稳定情绪，帮助学生走出当下困境。

建立心理危机反馈识别系统首先要做好细致的行为观察。行为观察主要是指辅导员、班主任、心理委员、班干部等，要在日常生活中细致入微地观察学生的行为，掌握学生的基本情况，以便及时发现问题、尽早进行干预，防止事态恶化升级。辅导员、班主任需要经常性地走访学生宿舍、开展谈心谈话、深入学生课堂，充分发挥学生骨干的作用，及时了解学生的日常状态和心理变化。其中，有下列问题的学生为重点筛查对象，晚点名未请假外出、去向不明的，早操、课堂、宿舍违纪的，人际关系紧张的，课程不及格的，学籍异动的，感情受挫的，家庭变故的，突发事件的等。上述行为问题是心理危机产生的必要不充分条件。要对辅导员、班主任、心理委员、班干部等开展针对性的专题培训，增强发现和识别心理危机的能力。

其次，要做好大学生心理测评工作。从新生入学开始，要定期为所有学生开展心理普查，建立学生心理健康档案动态数据库，在此基础上对心理危机高发的学生进行准确摸排、分级管理、重点关注。通过心理测评和分级关注，一方面可以帮助学生形成重视心理健康的观念，另一方面可以让高校心理健康教育工作者实时掌握学生心理动态，及时发现心理危机的诱因，提前预防、化解危机事件，最大限度地降低危机发生率。

最后，高校要加强与学生家长的沟通交流，将学生的心理健康状况及时反馈给家长，保障信息反馈畅通无阻。在新生入学时，让每一名学生填写新生档案卡，收集学生的家庭地址、家庭主要成员信息、家长联系方式等，为家校信息互通打下基础。在新生报到期间，通过组织召开新生家长会、建立年级家长 QQ 群和微信群等方式，向家长和学生灌输学生的健康成长离不开家庭支持的观念。在此基础上，定期与家长交流学生的心理健康状况，做好家长的心理工作，帮助家长准确了解孩子的心理状态。当学生陷入心理危机时，第一时间联络家长并做好沟通协调工作，共同为心理危机学生提供支持和帮助，并及时让有需要的孩子接受专业治疗。

（二）心理危机干预要多措并举

要做好大学生的心理危机干预工作，提升高校心理健康教育工作者的专业技术水平是重中之重。大学生心理危机干预工作是一项专业性较强的工作，仅凭借工作热情是难以妥善处理的。因此，要想更好地适应高校心理危机干预工作的要求，提高心理健康教育工作团队的综合素质、对其开展专业培训是十分必要的。

此外，要普及心理健康的专业知识，引导学生学会主动寻求帮助，提升大学生面对心理危机时的应对能力，并在有需要的时候主动接受专业的咨询或治疗。定期邀请心理学专家为大学生普及心理危机应对的基本知识，以专题讲座、心理健康知识培训、座谈交流会等形式定期普及心理健康教育的知识。同时，还要结合学生的实际情况，引导学生发挥自助、助人的功能。高校要依托心理健康教育中心、学生组织，多渠道、多载体、多形式地开展系列教育活动，帮助学生更好地融入大学生活，增强了学生的心理健康意识，为开展心理危机干预工作奠定良好的基础。

在进行心理危机干预时要进行双向干预，既要自外而内又要自外而内，要将解决实际问题与解决心理问题相结合。比如，有的学生出现了挂科、违纪等问题，真有很大的可能性与其心理问题相关，心理健康教育工作者一定要在处理问题的同时尽可能深度挖掘发生问题的原因，抓住每一个可能了解学生心理问题的契机，进一步预防心理危机。

（三）心理危机干预要多方联动

高校在进行大学生心理危机干预时，心理健康教育中心教师、辅导员、班主任、心理委员、班干部、党员等往往是中坚力量，但是心理危机干预是个复杂、系统化的工作，干预效果却时常不尽如人意。这是因为许多高校在进行危机干预时，仅仅依托学校内部资源，而心理危机干预不仅仅与大学生的健康成长息息相关，同时也是关系到学生家庭和谐、学校及社会安全稳定的重要工作，因此，高校在充分利用学校内部资源的同时，还需要借助来自学生家庭以及社会的资源和支持。

高校应该以学校的内部资源为基础，充分利用家庭与社会的支持力量，将危机干预工作与学校、家庭、社会三者关联起来，构建起学校—家庭—社会三方合力、三位一体的大学生心理危机干预体系。在这样一个三位一体的危机干预体系中，心理健康教育中心教师、辅导员、班主任、心理委员、班干部、党员等的协同作用能得到充分的发挥，家庭和社会的资源被积极地调动，成为辅助学校开展相关工作的强大支撑力。当大学生出现心理危机的时候，学校应当立即采用应急预案，对危机学生进行干预的同时，尽快联系学生家长到校配合开展相关工作。而一旦发现危机程度超出了学校、家长干预能力的范围时，就应该及时转介，借助社会专业心理机构的力量来对其进行帮助。在危机学生接受治疗期间，学校应与专业机构保持联系，了解治疗进展情况。在危机后干预阶段，也需要保持良好互动，使危机学生恢复心理平衡。在这一过程中，保持畅通的交流与沟通是危机能够得到顺利解决的重要条件，而学校在其中所扮演的角色是非常重要的，它既是信息的传递者，又是整个事情的监督者。家长应与学校保持沟通，如实反馈相关信息。学校、家庭和专业机构一方面各司其职，另一方面三方应保持畅通的交流与沟通，形成合力，做到信息及时透明共享，相互补充，在对学生进行心理危机干预时能够做到井然有序、多方联动，共同帮助问题学生走出困境。

大学生心理危机干预是大学生心理健康教育工作中至为重要的一部分，它与大学生的健康成长息息相关，并且关系到国家和社会的和谐稳定，我们应当寻找经验，通过较为科学的方案来对其进行处理，充分发挥心理危机的干预作用，充分调动家庭和社会的资源，家校互通、在社会系统的辅助下，构建完整的危机干预生态体系。

一方面，学校应该加强和家长的沟通，对于家庭心理教育的作用进行进一步的发挥，向家长传输新的教育理念和心理危机的干预模式，使得心理存在着危机的学生能够获得家庭的理解和支持。同时，需要对学生家长进行系统的培训，最后，当学生面临心理危机时，需要充分发挥家庭的作用，帮助面临危机的学生得到家庭的支持，使其能够坚定地度过危机。

另一方面，要充分调动社会系统的资源。社会系统可以有效地协调个体、学校、家庭之间的关系，达到系统间的互动、互助发展。目前，我国的社会教育系统的建设工作才刚刚起步，运转过程中的系统性仍有不足。因此，建立以高校和家庭基础，以医疗单位、专业预防救援机构为辅助的大学生心理危机干预体系，进一步提升对心理危机大学生干预和帮助的及时性和有效性，将是我们继续努力的方向。

第五节 价值观与大学生心理危机

一个人的行为是以价值观作为基础的，大学的心理危机主要是因为价值观冲突引起的，为了建立良好的心理危机防御体系，就需要确立健康的价值观。基于此，本节对文化视角下大学生心理危机干预研究进行探讨。

价值观指的是一个人对四周客观事物重要性的看法和评价，直接决定了一个人的人生态度、从什么样的角度去了解社会以及从什么样的角度去对自身的行为进行规范。大学生由于自身的身心发展还不够成熟，面临复杂的社会，大学生的价值观很容易和现实社会产生冲突，进而引发心理危机。因此，从文化的角度对这些问题进行审视非常重要，不仅可以更好地进一步对已经存在的心理危机干预理论进行拓展和延伸，还可以建立良好的心理防御体系，提高大学生的心理危机干预实效性。

一、大学生心理危机干预过程中需要重视的价值观因素

（一）导致价值观冲突的主要原因

价值观是人们用来对事物进行指导和评价的一种心理倾向系统，是指导人们活动的精神力量和驱动力，人们的行为也都是在价值观的支配下开展的，在社会的转型时期，各种评价标准和价值观念越来越多元化，人们经常需要面对各种斗争和冲突，在社会转型期的人们由于失去了基本的价值标准，内心深处就会感到无所适从，感到矛盾，对未来失去信心。用来安身立命的原则就产生了动摇，行为的合理性丧失，出现尺度混乱，是非颠倒的情况，在行动时，缺乏方向感，失去了理想的根基，面对复杂的社会，充满迷茫。作为一个特殊的群体，大学生的自我意识和身心发展正在由矛盾和分化走向统一，是人格建立和发展的关键时期，受价值观的影响比较大。在各种价值观相互交织、相互转型的世界中，社会矛盾越来越明显，对于大学生来说，由于社会阅历比较浅，很多青年大学生出现了抉择方向、数据失准、认同失标的情况，在心理上出现了失态和失衡，再加上现在很多大学生多为独生子女，成长环境比较舒适、安逸，缺乏意志力，耐挫能力和社会适应能力不高，经常会以自我为中心，存在比较严重的叛逆心理，对于不同的问题，存在不同程度的认知偏差，部分人在遇到挫折和困难时，很容易产生沮丧、无助等消极情绪，如果不对其进行积极的引导，就会使其对未来感到茫然，价值理想、价值信仰和价值评价方面也会产生困惑和迷茫。当自身的价值观和生活经验不能解释遇到的困难时，就会产生心理方面的危机，如果价值观教育也缺乏正确性，就会进一步导致个体出现认知和人格方面的偏差，在遇到情境性危机和苦难挫折时，没有信念支撑，缺乏面对压力、解决压力的方法，进而产生心理方面的危机。

（二）要将价值观引导作为心理干预的重点

危机干预指的是帮助危机中的家庭或者个人的一项技术，通过将个人潜能激发出来，使其心理恢复到一种平衡的状态，简单地说，就是让处于危机中的人，心理恢复到一种平衡的状态，当前，我国高校在心理危机的干预方面提供了很多的方法和策略，并且已经取得了比较大的发展，但是总的来说，还缺乏危机干预意识，相关的经验也比较缺乏，没有合理地对价值干预手段进行引导和分析，从而使价值观得到重塑，使其具有防御心理危机的能力，在心理上进行自我调节和自我控制。过去在对大学生群体进行心理干预时，都是在出现心理危机后进行的，这个时候心理危机已经出现，没有在萌芽状态将心理危机消除，而通过价值观构建引导的心理危机干预系统，是通过对大学生进行引导，然后让其树立正确的价值观，让大学生产生心理危机的抵抗力。此外，传统的干预系统，都是使用一套全面、详细的指标体系评定大学生的心理危机，由于看待问题的角度和认识度存在差异化，相同的心理危机会产生不同的判断，不能更加系统、全面地分析遇到的危机问题，而心理危机的消除，需要通过当时人不断地进行自我摆脱、自我调节，专业人员只需要根据当事人的实际情况给予帮助和指导，扮演着辅助者的角色，专业人员根据当事人的偏差采取合理的治疗措施，通过对其进行合理的引导，使其树立正确的价值观，让其可以在心理方面产生防御性，在遇到心理危机时，可以进行自我调节和控制，从而达到解决心理危机的目的。

（三）建立正确的价值观

一个正确的价值观是引导学生建立心理危机防御系统的重要环节，在提高学生心理健康水平，降低学生心理危机方面非常重要，通过对大学生的价值观进行正确的引导，使其建立解决危机的对应机制，具有完善的个体人格，从而建立顽固的心理防御系统，这是防止个体心理出现危机的一种有效措施。可以从根本上防止和降低心理危机的出现，在提升大学生心理素质，培养健康人格，降低心理危机方面具有重要意义。

一般情况下，大学生的抗拒心理和刺激的承受心理是心理危机形成的主要原因，而心理抗拒力量和承受力量的大小又和大学生心理活动的动力结构系统有密切的联系，作为一个人格的关键部分，大学生的价值观和人生观是组成动力结构的关键，发挥着调解危机和化解危机的作用，而人格教育重点是引导大学生做一个什么类型的人，通过对大学生的价值观进行引导，让大学生具有坚定的价值观和人生信仰，具有良好的责任心，可以将社会利益和自身利益紧密地结合起来，将社会利益放于自身利益之上，实现自我价值。在情感方面更加成熟、稳定和乐观，在个体认知方面具有良好的自尊心、自信心和自制力，在意志方面可以更加地果断、坚强和自立。在人格方面具有远大的抱负和理想，具有乐观向上的人生态度，不断地努力追求自己的梦想。不难想象，一个热爱生活的个体，越是执着地追求自己的人生，生活也就会变得更加充实，思维会更加深刻，思想境界也会提高，情绪会越来越稳定，对社会的认知也会更加敏锐。个体在具备了健全的人格后，就会具有良好的心理状态，心理危机出现的可能性就会降低。此外，对于个人来说，一生中遇到挫折和困难是正常的，可能会出现短暂的心理失衡，而通过将个体的价值观内化，可以帮助个体从危机状态脱离出来，实现心理危机的自救，铸造出抵御刺激和抗击压力的人格盾牌。

二、价值观对心理危机进行干预的方法

作为一个系统复杂的过程，价值是在一个特定的环境中，个体在自我意识、自我需求和经验影响的作用下形成的，这些因素的差异性导致个体的价值观也存在比较大的差异，作为心理构建的基础，价值观主要通过意志力、影响态度、认知方式等方法对心理造成干预。

首先，价值观会通过影响态度的方式来对心理危机进行干预，对个体对危机的认识造成影响，可以让人主动进入客观事物的认识和选择中，不同的个体，面对事物时的态度也会有比较大的差异性，会导致个体产生不同的情绪，所以，态度的差异会使个体在面对危机时，产生不同的认识，并影响个体心理危机的形成。

其次，价值观通过意志力来对心理危机造成干预，对个体面对危机时心理的承受能力造成影响，由于困难和心理危机是共同存在的，个体意志力的强弱直接会对个体抵御外界压力的能力造成影响。最后，价值观会利用认知来对人的心理危机进行干预，个体生活过程中，表现出来的举止、行为爱好、对客观事物态度的差异性等，除了受到客观条件的限制以外，还和自身的价值观有直接的联系，在追求某些事物时，人们往往会选择和自身价值观念相符合的一些东西，对于和自身价值观冲突的东西，一般会选择放弃，也就是说，人总是做一些对自己具有意义和价值的事情，所以，人的个体价值取向，会直接对人的道德标准、行为举止和人生目标造成影响，而且会对人的心理危机发展方向造成影响。

三、文化视角下大学生心理危机干预的措施

为了提升大学生心理危机干预的有效性，就需要开展大学生心理健康教育，提高大学生的心理素质和内在修养，加大大学生的文化教育力度，多向大学生灌输一下正确的价值观，使大学生可以正确地认识人生的价值，不仅可以提高大学生的心理抗压能力，而且可以提高大学生抵御外界压力的能力。

首先，在开展教育工作时，高校心理教育工作人员，要让大学生树立正确的文化观念，使大学生可以更加客观、理性地看待事物，对自身的行为进行规范。在对心理危机进行干预时，要把价值体系的建立作为重点，遇到个体经验和现实生活经验不一致的情况时，个体就会产生焦虑的情绪，如果大学生具有良好的价值观体系，就会对这些外在的因素进行自动抵御，可以更加理性地面对外来的因素。在社会经济的发展下，大学生在生活的过程中，会受到权力、金钱、物质等方面的诱惑，会逐渐将自己所肩负的使命和理想抛弃，生命的真实意义也逐渐被淡化，价值观发生了扭曲。作为培养高素质人才的重要场所，高校要肩负起人才培养的重要使命，要将自身的教育功能充分发挥出来，对大学生的精神生活进行正确的引导，使大学生树立正确的价值观和人生观，如此在生活的过程中，当大学生

遇到冲突和矛盾的时候，可以更加理性地控制自身的行为和思想，对自身的价值观念进行规范，此外，这种方法可以更好地帮助大学生将心理危机预防过程中遇到的问题解决。

其次，在教育的过程中，大学生心理教学要将心理健康教育作为理论基础，将新的教学理念体现出来。在实际的教育过程中，各种方面的因素限制了社会的发展，导致人们普遍认为心理健康教育只是为了将存在的心理问题找出来并进行教育，这种教育方式不仅不会减轻学生的心理负担，而且还会对学生的心理健康造成影响，产生心理上的负担。除此之外，大学生心理教育也主要集中在负面情绪的消除和心理障碍的消除上，很多学生都不知道怎样培养自身的积极性，所以，在开展心理健康教育时，要使用科学的方法对个体教育的价值进行研究，将个体的潜力充分挖掘出来，让学生树立良好的自信心，使学生找到可以快乐生活的方法，在促进学生心理教育，解除学生心理危机方面具有重要意义。

总而言之，大学生心理危机干预是大学生心理健康教育工作的一个重要课题，从文化角度对大学生的心理问题和心理危机进行探讨，可以有效地拓宽大学生的心理健康范畴，拓展大学生的危机心理健康理论范围，增强大学生心理干预的实效性。在教育的过程中，高校心理健康工作人员要对自身的观念进行更新，提高对价值观的重视力度，将文化教育对心理危机的干预作用充分发挥出来，使学生身心更加健康。

第六节　家庭因素与大学生心理危机

大学阶段是学生心理从幼稚走向成熟的重要过渡期，也是其生理、心理发展的关键阶段，学生在这一时期极易发生心理危机事件。在众多影响因素中，家庭经济状况、亲子关系、教养方式和家庭结构等家庭因素是学生出现心理危机事件的最主要因素之一。基于家庭因素引发的大学生心理危机事件具有突发性与持久性、普遍性与特殊性、心理问题走向不稳定性的特征，需要采取多种预防措施来进行应对。

心理危机是一种特殊的心理状态，是指当事人遭遇到重大事件、灾难和精神压力时出现心理失衡、产生心理障碍、心理崩溃等状况。对于大学生来说，就业压力、学业压力、家庭压力、人际关系压力等因素都会导致心理危机。其中，家庭因素相对于其他因素来说更为突出，对学生的影响是持久且深远的，不仅影响到大学生自身的安全和个体发展，同时也对学校的稳定造成负面影响。如何对由于家庭因素而引发的大学生心理危机进行有效干预，已成为高校当前较为紧迫和重要的问题。

一、大学生心理危机产生的家庭因素

诱导大学生产生心理危机的家庭因素主要包括家庭经济状况、亲子关系、教养方式和家庭结构等。

对于绝大多数的大学生来说，家庭是他们最直接和最主要的经济依靠。从众多学者的研究来看，高校家庭经济困难学生作为一个特殊的群体，因其在家庭经济方面的压力和困难往往使其在面对学业、人际交往或情感等生活事件时更容易产生诸如焦虑、自卑、悲观、情绪低落、自我封闭、缺乏信心、敌对等心理健康问题，他们的心理健康水平不同程度地低于家庭经济较为富裕的学生。

亲子关系对大学生心理健康的影响是潜移默化的。亲子关系不好的家庭，比如父母感情不和、家庭成员经常吵架甚至发生家庭暴力、父母管理要求过于苛刻的家庭，可能会给这样的家庭里成长起来的大学生带来难以估量甚至永久性的伤害性情感体验，他们往往有更多的负性情感，在人际关系上多持怀疑和谨慎的态度，往往缺乏包容心，很难站到对方的立场去理解和包容别人。

此外，由于在家庭生活中家庭成员之间耳濡目染，因此家庭教育方式对大学生心理健康的影响也是十分明显的。而家庭结构，即学生家庭的构成和抚养人情况，如单亲抚养家庭、双亲抚养家庭、孤儿、独生子女家庭、非独生子女家庭等等，也会对学生的心理健康造成不同程度的影响。一般来说，单亲家庭的学生缺乏来自父母双方的关爱，在其成长过程中缺少父母角色的其中一位，会对其心理和性格成长产生一定的不良影响，他们容易形成偏激、固执、易怒、脾气暴躁的性格和抑郁、猜疑、妒忌等情绪，为大学阶段发生心理危机埋下隐患。

二、由于家庭因素引发的大学生心理危机的特征

（一）突发性与持久性并存

一方面，大学生在生理方面已具备成年人的特质，但其社会阅历普遍不足，心理上仍不够成熟。生理年龄与心理年龄的反差使得大学生容易突发心理危机。此外，一些突发性的因素，比如，亲人的突然离世、父母突然失去劳动能力使得经济水平突然下降等情况，都会很大程度上影响学生的情绪，产生突发性的心理危机事件。

另一方面，大学生解决问题的能力是有限的，很多学生无法正确地认识自身的心理危机，社会舆论、人际关系等外界压力，也会导致很多学生自觉不自觉地回避心理健康问题，这就很容易导致心理危机事件无法得到及时的处理和解决，耽误了心理治疗的最佳时机，使得心理危机事件对学生产生持续的影响，形成长久的心理阴影。

（二）普遍性与特殊性并存

心理危机从一定意义上讲是大学生个体成长中必然面临的问题，具有普遍性。然而，由于每个学生的家庭状况都是有差异的，这也就导致引起大学生心理危机事件因素的多样化。同时，每个学生的心理承受能力不同，在面对家庭问题时其处理的方式和心理表现也是有差异的，比如，一个积极向上、心理承受能力强、社会经验丰富的学生即使在面临突发的外部事件时，也能通过自身的心理适应，平稳地度过心理危机；而一个心理承受能力

差、社会经验少的学生则更容易发生"失衡"的情况。这就提醒我们在进行心理危机干预时，既要考虑到心理危机事件的共同特征，也要根据每个人心理状况的特点和心理承受能力的不同采取针对性的策略。

（三）心理危机走向的不稳定性

心理危机从产生到爆发往往会持续一段时间，其对学生的影响也是不稳定的，既可能持续终身，也可能在学校的有效干预下得到遏制。尤其是基于家庭因素的心理危机干预，其不稳定性就更大，家庭经济状况、亲子关系和教养方式的改变都有可能再度引发学生的心理危机，一般来说会有以下几种情况：第一，学生通过心理危机事件，正确认识到自己的心理问题并有针对性地进行解决，心理素质得到增强；第二，学生虽已度过心理危机，但心中的阴影仍未能完全消除，不仅影响其适应社会，而且也会因再度出现家庭问题而再次引发心理危机；第三，学生无法正视自己的心理问题，心理抗压力较低，面对危机时表现出无助、惊慌、手忙脚乱及不同程度的神经质，成了今后可能诱发心理危机的一枚定时炸弹；第四，学生一直被心理问题所缠绕，家庭因素也无法得到解决，导致其心理症结不断恶化，严重时学生甚至会采取极端方法伤害自己或他人。

三、由于家庭因素引发的大学生心理危机的干预对策

（一）及时建档立案，做好预防工作

由于家庭因素引发的大学生心理危机，少部分是由于家庭突发变故导致，绝大部分则是由于家庭问题，如经济状况、亲子关系和教养方式等引起的，因此学校应以预防为主，及时发现大学生的潜在心理问题，充分掌握心理危机普遍性与特殊性并存的特点，构建不同层次的心理危机预防机制。首先，在学校层面，建立完善的心理健康普查制度。针对大一新生进行适应性的心理普查，针对大二和大三学生重点掌握学生的学业和生活情况，针对大四学生进行以就业和毕业为重点的心理普查。同时，应及时获取学生的家庭信息，建立完善的个人档案。其次，在学院层面，应充分动员辅导员、班主任和专业教师与学生进行谈话，及时掌握学生的心理状况，同时和学校宿管部门形成联动机制，在发现学生出现心理异动时能及时上报，防止心理危机的进一步恶化。再次，在班级层面，应充分动员班级心理委员和朋辈心理辅导小组进行朋辈间的信息收集和干预，定期对班级心理委员进行培训，明确职责，每周上报班级学生心理动态异常表。上述三个层级的工作网络应分工合作，一旦出现危机事件，能够上下联动，相互配合，保证危机事件的及时预警和有效干预。

（二）准确认识引发心理危机的问题所在，精准实施靶向治疗

家庭因素复杂多样，只有精确识别引起学生心理危机事件的根本原因，进行靶向治疗，切实解决学生的实际问题，才能够保证心理危机干预的实效。首先，从学校的角度来说，应在预防的基础上进一步对学生的家庭背景进行深度分析，对单亲家庭、孤儿、家庭经济

困难的同学建档立案，定期进行家校沟通。此外，加强与校外医疗机构的合作，做好心理危机事件的定性，找准"病因"，靶向治疗，提高心理危机干预的有效性和持续性。其次，家庭是解决学生心理危机问题最为关键的要素，经济问题可通过多元化的资助政策解决，而亲子关系和家庭结构等问题则需要学校与家长密切联系与合作，家庭应积极主动地了解心理健康知识，配合学校的教育和管理工作，学校也要加强对家长的心理健康教育知识的普及，提高家长对心理问题的认识，为家校合作打下良好基础。

（三）迅速处置危机，积极寻求家校合作

在完成心理危机的预防和识别后，要迅速处置问题，做好心理危机的管控，尽量将心理危机造成的负面影响降至最低。首先，针对经济困难而导致的心理危机，学校应通过多元化的资助和学业指导策略帮助学生走出生活困境和心理阴影。辅导员应深入了解学生的家庭经济状况，帮助学生进行家庭经济困难认定、国家助学金申请，同时安排学生勤工俭学。此外，相关院系还可以通过寒衣补助、路费补助等多元化的方式进一步帮助学生。其次，针对家庭结构、亲子关系、教养方式因素导致的心理危机，学校应充分考虑其持久性和特殊性的特点，一对一地进行家校联系，充分取得家庭的信任和配合，消除危机造成的负面影响。

家庭因素导致的心理危机的干预不能一蹴而就，单一的经济帮扶或心理辅导无法从根源上解决学生的心理问题。在实际工作中，学校应坚持以人为本和全程育人的工作理念，将突发的心理危机干预逐渐完善成为持续有效的心理危机干预机制，从经济、情感上全面地帮扶学生，保证学生安全、健康、快乐地成长。

第七节　技术异化与大学生心理危机

技术异化是指人类在利用技术改造、控制自然而满足自身需要的过程中，技术以相应的力量反控制人类。它对大学生心理健康的负面影响主要表现在学习生活中的自我价值迷失，人际交往中的自我能力消解以及社会活动中的自我地位剥夺。技术异化的产生包括技术客体和技术主体两方面的原因，其中客体原因决定了技术异化是不可能完全避免的，而主体原因决定了技术异化在一定程度上是可以消解、控制的。而技术异化消解与控制的核心在于技术主体理性价值观的确立，因此，大学生心理健康教育应从主体生涯教育、社会交往教育及人文文化教育等方面改变不正确的价值取向以应对技术异化对心理健康造成的负面影响。

科学技术的成果就像潘多拉的盒子，一旦被打开就会陷入无法控制的境地，一方面，现代社会人类已无法离开技术而生存，对于自然和社会环境的适应过程就是技术不断被运用和发挥作用的过程；另一方面，伴随着环境适应技术不断被运用以及人文和自然的生态

系统不断被改变，人类在运用技术解决适应问题的同时又产生了新的适应问题。随着技术主导的现代社会的高速发展，人们在不断透视各种技术文化现象背后复杂机制和深远影响的同时不禁发出疑问：科学技术真的如同一辆飞速行驶的火车，能载着人类驶向幸福的终点站吗？如果不能，它又将把人类带向何方？

一、技术异化析解

技术作为人类改造自然、社会和自身的物质手段，在人类社会几千年的发展过程中一直发挥着不可替代的作用。推动生产力发展，变革人与自然、社会、自身关系，带动整个社会进步和文明更替，是现代文明最引人注目的特征之一。在以信息技术和人工智能为代表的新一轮科学技术革命如火如荼的全新时代，技术从来没有像现在这样将人类生活的方方面面都纳入自己的版图。在不间断、大批量创造前所未有的物质文明的同时不断从生产领域向生活领域、精神和思维领域蔓延和扩张，不断将"进化"与"异化"这两个内含于其自身存在发展逻辑中的双重面向演绎到极致，这不仅让世界的物理面貌焕然一新，更塑造着全新的生存模式、生活形态、行为方式和思维方法，机遇与挑战同在，积极与消极并存。

从词源来看，"异化"一词在不同语言体系中可以追溯到拉丁文和希腊文对于"离开""疏远"等的表述中。最早出现于《圣经》，即亚当不听上帝的劝告，偷吃了禁果，堕落成凡人，被说成是从上帝的纯真性中"异化出去"。哲学上的"异化"，简单说来即指从主体派生出来的事物作为不依赖主体的异己力量与主体发生对立。它发端于卢梭对于现代文明的批判性反思，认为文明社会的每一次进步都伴随着某些方面的"退步"和"自反"，这种力量不断把所谓"进步"推向自己的反面。黑格尔用主客二分的思维模式将异化作为哲学范畴使用，用以说明主体与客体的分裂、对立，形成了异化问题的第一个研究范式。费尔巴哈开始用异化的观点分析人，将异化与以人为本主义、人道主义联系在一起。马克思在批判与继承德国古典哲学中黑格尔和费尔巴哈对"异化"的意义基础上，赋予"异化"以新的内容，专指劳动异化，即人的生产及其产品反过来统治人的一种社会现象。他在其蕴含着唯物史观萌芽的《1844年经济学哲学手稿》中将异化作为核心概念，用劳动异化揭露资本主义社会异化的本质。技术作为主观见之于客观的媒介和工具，在实践活动中发挥着不可替代的作用，而在马克思主义理论体系中，劳动作为实践的前称，其本身也就蕴含了技术的不断研发和应用的过程，所以，代表物主导的技术异化可以看成是代表人主导的劳动异化的基础和重要表现形式。较早将技术异化作为明确论题的有雅思贝尔斯、海德格尔等，他们从以人为本主义角度出发，认为技术是造成文明堕落、道德沦丧和主体性丧失的根源。法兰克福学派的弗洛姆和马尔库塞分别在他们的著作《健全的社会》和《单向度的人》中更是对现代技术异化现象进行了无情的批判，他们认为现代社会技术理性的统治压抑了人性，让人变成了机器，成为一种只有物质生活而无精神本质的"单向度的人"。此外，哈贝马斯、埃吕尔、拉普等一些科技哲学家也都从不同角度对于技术异化展开了不同程度的反思和批判。目前学术界对技术异化的界定，大多是从马克思劳动异化理论中"劳动异化"概念引申出来的，指"人类在利用技术改造、控制自然而满足自己需要的过程中，技术以相应的力量反控制人类"。

当今时代迅猛发展的新一轮技术变革已渗透到社会生活的层层面面。无人驾驶汽车、3D 打印技术、可穿戴智能设备等技术的演绎为人类生活制造无限可能。然而，伴随着技术的日益扩张，人们看到技术带来福祉的同时，也逐渐发现了技术的巨大缺陷。对此，学者们统称之为"技术异化"。

处于青年中期的大学生，思想活跃、反应灵敏、接受新生事物快，求新求异是青年大学生这一时期的重要特征。他们学习、掌握并使用着最前沿、最先进的科学技术工具，这些先进技术为大学生的学习、生活等带来诸多便利的同时，也对其生活方式、心理行为产生了深刻的消极影响。正是由于大学生的心理特点以及兼具技术创造和技术应用的双重主体身份，大学生群体更易沦为技术的奴隶。正确引导、帮助大学生认识和解决技术异化所带来的各种心理问题，对于提高自身的心理素质水平、顺利完成大学四年的学习生涯，具有十分重要的意义，因此，如何消解技术异化对大学生心理健康的负面影响，已悄然成为高校心理健康教育工作面临的紧迫课题。

二、技术异化对大学生心理健康负面影响的表现

大学生心理发展过程存在着明显的两极性。随着大学生自我主体意识的增强，他们开始从着重认识外部世界转向认识自我，经常强烈地意识到内心的各种困惑与冲突。然而技术异化对当代大学生心理健康产生了诸多负面影响，其核心症结在于技术异化造成大学生的主体性危机，使得大学生更加缺乏存在感和体验挫败感，加剧了大学生内心的冲突和压力。我们可以从大学生的学习生活、人际交往及社会活动三个具体层面进行剖析和探讨。

（一）学习生活中的自我价值迷失

社会性作为人存在发展根本属性的表现形式之一就是当自我价值得到确立时，人在主观上就会产生更加自信、自尊和自我稳定的感受，因此自我价值感是大学生心理健康的重要内容。然而，技术异化使得作为主体的人，在自由发展受到技术的压抑和限制时，在精神上感到自己的生活是空虚的、没有意义的和不合理的，或者觉得不能证明或实现自我的价值。

这种异化在大学生学习生活中表现最为明显的心理问题就是"无气力症"。无气力症最早由日本学者笠原提出的，是指学生中厌学，缺乏学习热情和积极性，生活没有目标的那部分人。患有"无气力症"的大学生存在着无气力、无意欲、无关心三种状态，失去了学习的兴趣，上课期间打不起精神，低头玩手机或者睡觉，不积极参与课堂互动，课外作业也只是从网上随意复制粘贴，缺乏创新意识。另外，对专业以外的事反倒兴致勃勃，如娱乐活动、网络游戏等，学习主业和其他活动本末倒置。尽管自己有所反思，想干点儿其

他有意义的事情，但总是坚持不下来，不自觉地又开始沉沦其中。并且，随着技术终端的微型化发展，可便携技术产品类型日益增多，无疑加大了大学生摆脱技术依赖的困难程度。"无气力"大学生在学习生活中的自我迷失，最终会导致其自我控制力弱，生活自理能力差，不敢面对和承担自己的行为后果，缺乏独立性、果断性和创造性，自卑、恐惧、忧郁、猜疑等负面情绪困扰着他们的心理健康。

（二）人际交往中的自我能力消解

人际交往的本质是个体主动地在群体中寻求一个与自己有联系的参照体系，确定自己在其中的相对位置，从而形成明确的自我评价，因此，建立和维持良好的人际关系是大学生社会化的重要内容，它不仅能够帮助大学生获得积极的自我体验，也是大学生社会生活所必需的内在技能。

随着信息技术的发展，虚拟网络成为大学生社交的主要场域。网络的快捷便利缩短了人与人之间的距离，增加了相互认识和交流的机会，但与此同时也造成了大学生人际交往中自我能力的消解。网络的虚实结合性让他们无法在第一时间接触和认知真实存在的社会景象或者让他们在一定程度上减少和丧失了认识真实社会的机会和能力，而极强地隐匿了真实身份等一系列外在身份符号系统验证过程的平等交互性质让他们更加沉溺于网络世界所营造的貌似宽广的交往场景里，深陷其中难以自拔。加之一系列场景应用技术（如 3D、VR 等应用技术）在网络世界异军突起，更加剧了他们对于技术的好奇心和依赖度，这样，就造成了他们对于现实世界的主体性认知偏差和能力丧失。当他们真正与现实人"面对面"交往时，就会出现两种极端现象：一种是盲目从众，个人通过消除自由和自我，完全承袭技术性的文化模式所给予他的那种人格而消解于"群众"和周围真实的客观环境之中，从而放弃了他独有的个性，变得和周围的人一模一样，便不再感到孤独和焦虑；另一种则是在与人交往时，会不由自主地产生紧张、害怕、羞怯等不适应感，以至于手足无措，语无伦次，严重者就此选择自我封闭，不再与任何人交往。

这些不良的人际关系常引起心理失衡，导致心理问题的出现，如焦虑、空虚、心情压抑、抑郁，严重者甚至出现自杀倾向。

（三）社会活动中的自我地位剥夺

高生产的物质社会需要人们进行高频次高效率的物质消费。商家利用各种方式去诱发人们的物质需求，而信息时代无孔不入的传媒宣传技术，营销技术恰好符合商家的要求。根据不同属性（如年龄、性别、职业等）消费群体的消费偏好，商家在电视、报纸、网络等多元媒介终端渠道，有针对性地投入铺天盖地的广告，把大量虚假庞杂的物质需求强加给消费者，在满足需求的同时用各种技术手段刺激需求、创造需求，消费者不再是主动地去选择商品，而是商品成了消费行为的支配者。大学生消费群体作为信息传媒最主要的受众，在这种技术所营造的诱导性的广告信息轰炸中逐渐模糊了原有的认知，失去了真实的自我，消费已不再是满足其需要的手段，购买行为的发生源于虚荣、炫耀的心理欲望，而并非出于使用的目的。如在某电商"双十一购物节"的宣传噱头和营销攻势作用下，很多大学生熬夜疯狂购物，将经年累月的网购商品购物车一夜清空，订单金额多达数千上万元，商家在大数据分析等技术手段支撑下成功精准地俘获了大学生的购买心理和需求，同时收获了天文数字的超高利润。这样，技术就在由为人们消费生活提供便捷服务的功能定位已然演变成为商家谋利的重要工具，同时也在不可避免和不间断地触发和助长大学生不良心理状态的发生机制。

随着这种非理性消费现象被广泛接受，大学生群体出现了一种单向度的思想和行为模式。在这种模式中，大学生会认为美好的生活就是有源源不断的金钱去购买各种商品，拥有最新潮的技术产品、最时尚的服饰穿搭等才是生活的"灵魂""品质"所在。这种"物化"心态泛化成为他们的价值观，最终使其变成物质欲求的奴隶，成为片面的与物质社会直接同一的、为物欲所主宰的"单向度"的人。

三、技术异化产生的根源分析

技术异化对自然、社会以及以人为本等三个方面带来了消极影响。从自然角度来说，异化被视为自然与人类之间彼此的对立。人类使用技术对自然进行过度干预，从而破坏了自然生态平衡，导致森林减少、土壤沙化、能源危机等一系列生态和环境问题，最终致使人类生存面临威胁。从社会角度来说，人们不同程度地对"技术统治""技术官僚""技术专制""技术绝对命令""技术殖民"表现出某种担忧，并抱怨技术失业、技术分工和等级以及技术对人的社会交往和联系的割断。从以人为本角度来说，技术已成为统治人类的精良工具。技术对人性的压抑和摧残，使得人的主体性地位削弱或丧失，并且"随着精神的物化，人与人之间的关系本身，甚至个人之间的关系也异化了"。

技术异化对大学生心理健康造成诸多负面影响，成了我们这个时代不争的事实。那么技术异化可以消除吗？如何超越技术异化对大学生心理健康的负面影响？解答这些问题的前提是我们必须厘清技术异化产生的根源，才能有针对性地提出应对举措。

技术异化产生的根源显然不是一个简单问题。国内外学者从不同的视角对技术异化产生的根源提出了各自的观点，大致可以分为以下三个方面：第一，技术"原罪"论。技术悲观主义者认为技术的发展是导致文明堕落、道德沦丧、环境恶化、人类危机的祸根，避免异化的唯一途径就是主动限制乃至停止现代技术的发展。就像拉普所说："异化的根源在于技术程序本身的性质，因而，只有在人民乐于放弃现代技术的效益的范围内才能消除掉（异化）。"第二，技术"中性"论。技术就其本性来说只是一种中性的工具或手段，可以服务于任何目的。技术异化的产生在于"人类技术理性的无限扩张，是人们的功利目的（对物质财富的追求以及阶级、国家利益的支配）驱动下，无限制推进和使用科学技术的后果"。因而，只有依靠道德变革，诸如宗教、伦理、良心等，来克服人类技术理性的恶性扩张。第三，技术"社会"论。前两者针对技术本身和技术应用的批判并未解决实质性问题。马克思从历史唯物主义的视角从宏观维度深刻分析了资本主义社会异化产生的原因，从而转向对资本主义生产关系主导的资本主义制度的批判，认为技术使用的资本主义方式使得它变成了奴役劳动者的工具，因而，必须通过完善社会建制——诸如变革社会生产关系、消除私有制差异、消灭阶级对立等才能逐步消除技术异化。

我们认为，从辩证唯物主义的视角来看，技术本身是一把双刃剑，可以砍向任何一边，而挥剑的正是处于一定社会中的人。技术异化的产生既有其客体方面的原因，也有其主体方面的原因。

（一）技术异化产生的客体原因

技术的生成是技术主体根据自己预设目标（技术目的）的需要，选择机器（工具、仪器、设备）、材料（自然客体、半成品），设计它们之间的作用方式与程序（技术规则）、检测它们之间相互作用结果，并根据这一结果与技术主体预期目标所存在的差异而对上述"选择""设计"进行"调整"（技术试验），以期实现技术主体的目标，即实现技术的创造。从根本上来说，任何技术的产生本身就是对自然的干预、破坏，具有人为的"非自然"因素，代表了人类与自然的关系在某种程度上的对立，这种技术的反自然性必然会带来不可避免的负效应。并且，技术一经产生，对于技术主体来说，就具有了相对的独立性，技术客体的结构、属性、功能等的独立性使技术客体除了产生满足主体需求的正效应，还会产生有悖主体价值取向的负效应，因此，技术异化的产生是必然的。我们无法完全真正地消除技术异化。

（二）技术异化产生的主体原因

技术主体——人的异化才是技术异化的根本性原因，也是我们消解技术异化的着手点。技术的创造主体和应用主体对技术异化的产生有着不可推卸的责任，主要是因为他们存在着局限的技术知识水平和失当的技术价值观。

首先，人类认识（知识）的片面性和局限性决定了人类在通过技术改造和利用自然时，由于受制于主客观因素的多重影响，对于技术本身和技术应用过程中可能出现的负效应及潜在的问题隐患并不能完全预知和掌控，所以技术应用的结果必然是既会带来福祉，也会带来一些负面影响。这种情况下，人类只有通过不断的技术进步，才能消除已经认识到的技术异化现象。然而那些未能认知的潜在的技术异化将继续存在。

其次，技术主体失当的技术价值观也是造成技术异化的原因之一。这些失当的价值观主要有：纯粹智力型技术价值观、社会功利性技术价值观和工具理性主义技术价值观。所谓纯粹智力型技术价值观，是指技术主体认为技术是对科学规律和真理的一种追求和验证，技术作为一种手段带来或善或恶的结果不是他们所关心的问题。社会功利性技术价值观，是指技术主体从局部的暂时利益出发，关注于创造的技术能否带来利己的最大现实功利。工具理性主义技术价值观是指技术创造主体着眼于技术应用的目的出发，不在乎目的本身的合理性与否。在这些失当的技术价值观指引下，技术主体只是寻求短期的、局部的、少数人利益的满足，而忽视长期的、全局的和多数人利益的满足，从而产生技术异化。

四、技术异化对大学生心理健康负面影响的教育应对

从上文对技术异化产生的根源分析可以看出，技术异化的客体原因决定了技术异化是不可能消除的，技术异化的主体原因决定了在一定程度上技术异化是可以消解、控制的。而技术异化消解与控制的核心，在于技术主体理性价值观的树立和转变，因此，大学生心理健康教育可以从以下三个方面着手，通过构建更为全面、立体、现实、科学的体制机制以期应对技术异化对大学生心理健康的负面影响。当然，需要指出的是，心理健康教育仅仅是辅助功能或者是应对技术异化的众多路径之一，大学生的自我实践才是消解技术异化的最终力量。

（一）倡导主体生涯教育，以充实填埋空虚

生涯教育最先出现于 20 世纪后期的美国。当时的美国正处于资本主义相对平稳和高速繁荣的发展状态中，技术在创造巨大物质财富的同时也造成了社会生产与生活内部的矛盾和教育自身矛盾的交互作用。而美国教育界大力倡导的生涯教育，就是将公立教育与社区教育等相结合，把以工作为导向的社会价值融入个人的价值体系中并运用于生活，使工作对于每个人有可能、有意义和感到满足，以此来激发社会活力，重塑良好的社会心态。它并不是一种新的教育体系或模式，而是贯穿于所有教育阶段的职业化教育与普通教育的混合体，通过生涯认知与探索、生涯定向与准备、生涯熟练等步骤将单纯的学校教育和多时空的社会教育接轨，使学生获得谋生技能、职业态度、职业判断，最终形成个人化的积极的生活方式。

技术异化对大学生造成精神的空虚感和自我价值的迷失，使得他们"需要一个献身的目标，以便把力量整合到一个方向，以便超越孤独生存状态，超越此种状态所造成的一切疑虑与不安全之感，并且满足企求生活意义的需要"。生涯教育的意义就在于此，只有激发主体的自主性、能动性和创造性，找寻到自己生命所要追求的目标，才能有效地防止技术异化对大学生学习生活的消极影响。

（二）倡导社会交往教育，以欢愉提升能力

个体从社会群体中获得的社会支持状况对其生活质量和成长发展起着十分重要的作用。技术作为异己力量，将大学生反困其中，大学生在技术的"牢笼"里，习得一种"物"与"物"的交往，而失去了与"人"互动的能力，因此，大学心理健康教育必须着力培养大学生的社会交往能力，努力促进社会认知能力的发展、提高自信与自尊水平、培养积极的情感体验及情绪调节能力，在与他人交往过程中发掘自我、悦纳自我，学会尊重与欣赏、包容与开明地看待自己，看待他人，享受除了"技术"以及"技术工具"以外——与人交往所带给自己的欢愉。

社会交往教育的天地是广阔的，场所是多元的，而且教育也是随时随地进行的，需要

学校、家庭的充分衔接配合和适度引导，有效开发大学生自身所蕴含的社会交往能力，调动社交积极性。首先，要让他们"忙起来"，在技术实践的过程中，要把社会交往实践有效地嵌入大学生群体的学习生活过程中，有效填补既有生活世界的空白，稀释技术异化所带来的负面影响的可能性和浓重度，运用大密度、高强度、不过度的社会实践项目（如志愿服务等）、文娱活动、体育锻炼、人才平台打造等抓手和契机，积极创设社会交往情境，提供社会交往机会，将大学生社会实践的场域逐渐拉回到正常健康的社会化轨道，用大学生特有的形式和话语最大限度吸引他们的注意力，在丰富知识的同时提升他们的社交愿望、社交能力和社交效果。其次，要让他们"动起来"，应积极动员、鼓励、引导大学生们亲身走出"舒适区"和"自由区"，积极参与到丰富多彩的社会活动中，通过外化于行，内化于心的方式在真实社会中获取积极体验。同时，调动他们的主观能动性，通过一定的交往媒介，开发新的积极的社交方式和路径，通过自我设定、自我努力达成自我实现。最后，是让他们"乐起来"，要最大限度尊重他们的心理特点、知识水平和兴趣爱好，通过公共性的社交教育为学生们提供公平、正义、平等、科学的交往空间和平台，帮助他们形成相互交流的常态化机制，不仅要达到教育目的，而且要愉悦身心、开朗情绪，为精神生活的积极释放营造开放包容、健康和谐、可持续的良好社会交往环境。

（三）倡导人文文化教育，以柔美克服刚硬

大变革和大发展的时代使人们的生活世界取得了前所未有的文化成就和文明景象，但与此同时，多元文化的涌入、庸俗文化的渗透、不良文化的侵蚀也让人们日益处于以"文化过度""文化偏执""文化混乱"为主要表现形式的重重文化压力、文化危机和文化困惑中，从这一角度来看，现代社会的危机从根本上就是文化危机。技术特有的工具理性决定了其无力自动地确定人自身的旨归，由此所营造的文化氛围和文化价值取向就是将生活的方方面面归入技术的逻辑，纳入技术的统摄范围，这对于优秀传统文化地位的侵占和破坏不容忽视，而从根本上揭示人的社会本性和推动人自身的价值复归、审美意旨的人文文化具有减缓和克服技术异化的特性和品质。因此，以人文主义审美之柔克技术异化之刚，就是在现代科学技术高歌猛进的同时，必须以振兴人文文化相辅助，发挥各自应有的作用，让人文文化和科技文化比翼齐飞。

人文文化教育首先应该强调的是要牢固把握意识形态工作的主动权，要把技术异化的本质与意识形态领域的斗争联系起来，充分地认识到技术异化对于意识形态所造成的现实危害和潜在危机，要自上而下地用鲜明的意识形态立场、灵活的意识形态方法、多元的意识形态话语打造坚不可摧的人文文化教育阵地，夯实人文文化教育的现实基础，保证人文文化教育的政治方向和政治本色。其次，要注重优秀传统文化的继承性，中国悠远灿烂的传统文化资源是集体智慧的结晶，更是砥砺前行，增强自信的精神基础和智力支持。要充分利用传统文化资源，利用文学、绘画、书法、音乐等课程的丰富和建设，强化学生的文化主体意识和文化创新意识，增强其传承弘扬丰富传统文化内容和形式的责任感和使命感，

强化大学生心理健康教育的内涵式发展，在提升大学生文化素养的实践中积极探索，不断优化，促进他们成长成才。同时，要实现传统文化的创造性转化，增强现代文化的竞争力、创造力和创新性，通过积极有效的学习和借鉴，打造兼容并蓄的校园文化和健康和谐的现代社会文化生态，发挥文化的熏陶和滋养作用，为大学生精神世界的改造、审美意识的明晰、价值导向的规范、心灵世界的充实以及自身主体性的实现营造良好的文化氛围和现实条件。

技术异化并不是与生俱来的，是伴随技术在现代社会发展进程中地位和作用的不断变化而逐渐显现的。笔者一直以来都秉承着这样一种基本思想和态度：技术本身是中性的、中立的，技术异化的产生和显现是在劳动实践出现异化之后引发的人的异化所主导的，也就是说，技术异化的根源是劳动异化，本质是人的异化。在技术异化的世界里，人被动地掌握一套技术的语言、逻辑、规程和操作规范，进而潜移默化地接受技术所带来的种种生存形态和思维形式的转变，这就不可避免地造成技术伦理对于生活伦理、文化伦理、道德伦理等不同程度的僭越和侵占。大学生作为技术规范的学习者、先进技术的体验者、技术成果的共享者，不能不说，其心理危机的产生与技术异化有着千丝万缕的联系，所以，以人的在场及自我价值复归为鲜明表征的更具针对性更为科学的心理健康教育势在必行。然而必须明确，技术社会发展的单向性和不可逆性决定了技术异化是不可能完全避免和消除的，只有通过更加多元路径的文化伦理制衡去控制，才能够最大限度发挥技术对于社会发展和人的自由全面发展的正向推动作用。

第二章 新时期心理健康教育理论研究

第一节 撬动心理健康教育的支点

随着素质教育的全面推进，心理健康教育在学校教育工作中发挥出越来越大的积极作用。结合实际工作，广东省深圳市龙岗区横岗街道安良小学积极搭建平台，从教师队伍建设、心育课程、心育与德育相结合、心育校园文化环境四个方面，将"心育"渗透到学校教育和教学工作的方方面面中，充分发挥心理健康教育工作对学校教育教学工作的促进作用。

与教师队伍建设相融合，为学生成长保驾护航

学校重视学生的心理健康教育工作，在"心育"过程中，遵循学生心理发展规律，通过多种教育途径，提高学生的心理素质，培养学生积极乐观、自尊自信、坚忍顽强的心理品质，促进学生人格健全发展，充分开发学生的心理潜能，为学生健康成长和幸福生活奠定基础。

打造梯队形心理健康教师队伍。为了形成心理健康工作长效机制，学校从专业人才引进与培养、心育骨干教师队伍建设、心育普通教师队伍建设三个方面打造梯队形心理健康教师队伍。首先，通过招聘引进心理学专业研究生以上学历的心理健康教师，为学校的心育工作提供人才保障和专业保障。在此基础上，每位心理健康教师每学年接受60学时以上的专业培训，保障其专业知识能力不断提高。其次，打造一批心理骨干教师队伍。定期对班主任进行专业心理健康培训，鼓励班主任考取心理健康教育C证、B证，掌握相关心理学知识，在平时班主任工作开展中，能够有效运用心理学原理和知识进行教学和德育工作，能够有效识别和紧急应对校园心理危机事件。再次，提高科任教师的心理健康知识，发现和识别学生心理危机，要及时上报，并运用心理学原理和知识进行教学。

提高教师心理健康水平。只有心理健康、积极向上的教师，才能为学生营造一个和谐的学习环境。学校积极关注教师的心理健康状况，开展心理健康专题培训、心理沙龙、团队建设等多种形式的活动，疏解教师的心理压力，让教师学会正确排解情绪及压力的办法，保持教师的心理健康水平。

一、与课程相融合，搭建心育主阵地

根据学生特点，设立校本心理课程。学校学生以外来务工人员子女为主，有着群体性心理特点，他们较本地学生更敏感自卑，学习焦虑严重、懂事明理，但行为习惯不良。为了更好地促进他们的成长，使心育更有针对性，每个学年的开学初，学校都会对学生进行心理健康状况、应对方式、学习方法等心理测评。根据测试结果，有针对性地开展教学。比如《对"学习焦虑"说不》让学生充分认识学习焦虑并不可怕，改变认知；《我的情绪我做主》让学生学会调控情绪，排解烦恼。课程结束后，会对学生进行检测，检查教学效果，再进一步完善课程。

培养学生思维品质，提高学科学习能力。心理健康教育不仅仅是对学生情绪调节、认识自我、个性品质等进行训练，还有很重要的一点是让学生学会学习，掌握科学的学习方法和良好的学习习惯。我校开设心育课程时，注重对学生思维能力和心理健康两方面的培养，在设计课程时，采用思维型教学，强调对学生方法技巧的训练，达到"授人以渔"的效果。如在《风马牛相及》的教学中，与语文学科相结合，训练学生的联想能力。导入部分用"风马牛不相及"和"蝴蝶效应"两个典故，让学生形成认知冲突，"看似不相干的两个事物，它们到底是不相及还是都相及呢？"在每个环节中都鼓励学生积极思考，寻找解决办法。教师着重引导学生理清"你将运用什么方法来解决问题"，给学生提供脚手架，让学生自主建构、积极思考、自己寻求解决问题的办法。

有效利用"四点半课堂"，拓展心育工作阵地。利用"四点半课堂"，开设创新思维社团、朋辈互助社团、心理剧社团等。根据学生的兴趣和关注的热点设计活动，发挥学生的主观能动性，提高学生的思维能力、人际沟通能力、心理健康水平等，同时激发学生对心理知识的学习热情，关注自身的心理健康。

二、与德育相融合，教育效果事半功倍

如今，越来越提倡"大德育视野中的心理健康教育"，心育是进一步加强和改进中小学德育工作的重要组成部分。可以说，心育与德育既互补又相融，而且存在互动关系。在平时的教学中，学校提倡将心育与德育工作相融合，使教育达到事半功倍的效果。

深化拓展德育的内涵。在对学生进行德育教育时，只注重道德概念、原理的灌输是远远不够的，需要根据不同年龄阶段学生的心理发展特点，将心育与德育相结合，将道德情感、信念和行为，内化成学生的内在信念，才能真正发挥出德育的效果。

心育是实施德育的有效途径。从心育中选择一些方法作为德育工作的新途径，提升德育工作的成效。如对学生进行教育时，采用疏导、角色扮演等方法，让学生更加容易和乐于去接受。针对"预防校园欺凌"的教育主题，我们会通过班会课、专题讲座、国旗下讲话等形式在学生中进行宣传教育。但是对于隐性存在的校园欺凌者或是在校园欺凌中对被

欺凌者造成的心理创伤，我校会运用心理剧的形式，让学生亲自参演，根据生活情景自编自演。在创作中，为学生搭建自助和互助的舞台，促使学生进行反思，从而达到自我教育的目的。

在班级建设中，重视学生的心理建设，通过班会课、心理课、教室环境文化布置、学生工作渗透等方面，让学生从内心接纳班级，改善班级心理环境，从而使学生对班级产生真正的向心力，更加团结友爱。

三、与校园文化环境相融合，渗透实施心育工作

将心理健康教育融入校园文化环境中，通过环境潜移默化的影响对全校师生进行心理健康教育知识宣传工作，让更多人了解心理、认识心理。

学校在校园里开辟心理宣传专栏，定期向学生普及心理健康知识；在心理咨询室门口设立实体悄悄话信箱，同时公布电子信箱，让学生把心里的烦恼投放进来，心理教师通过回信、个体预约等方式为学生提供安全、私密性强的心理援助。

在每月的校报开辟"心理加油站"栏目，每期选取一个学生关注的热点心理话题进行讨论。比如"爸爸妈妈我爱您""轻松应试我能行""对假期拖延症 say no"，同时将在学校中开展的心理活动进行总结，让学生和家长进一步了解心理健康，走近心理健康。

在心理健康宣传月中，每年设定不同的主题，让学生、教师共同参与，形式丰富多样，有心理知识展板宣传、心理剧大赛、心理手抄报比赛、黑板报比赛、心理游园活动等。通过丰富多彩的活动，增强学生心理健康的意识，丰富学生的课余文化生活，使他们能以健康的心态对待生活和学习。

学校心理健康教育如何有效开展是每所学校必须重视的课题，也是一个需要长期研究的课题。时代在变化，我们的教育环境和教育背景也在不断变化，更需要与时俱进地开展心育工作。学校既要教书，又要育人，其心理健康教育正是彰显了以人为本的育人理念。

教育部《中小学心理健康教育指导纲要（2012 年修订）》和《中小学心理辅导室建设指南》中指出，心理辅导室是心理健康教育教师开展个别辅导和团体辅导，帮助学生疏导与解决学习、生活、自我意识、情绪调适、人际交往和升学中出现的心理行为问题，排解心理困扰和防范心理障碍的专门场所，是学校开展心理健康教育工作的重要阵地。

在此基础上，甘肃省嘉峪关市大唐路小学以心理辅导中心为支点，全面开展学校的心理健康教育实践。学校在全面开展心理教育活动的基础上，创造性地探索出"塑阳光心灵、育阳光少年、建阳光校园"的心理健康教育新理念。在此理念的指引下，学校心理健康教育工作的开展促进了学生身心的和谐发展，引领了学校心理健康教育工作的顺利进行，同时，为培养学生的健全人格、为学生的终身发展奠定了良好的基础。

四、组建"心育中心"

（一）改善"心育"环境

学校自 2010 年开始实施心理健康教育工作，成立了由校长负责的心理健康教育领导小组，并在各级教育主管部门的关怀和指导下，学校的"心育"环境发生了很大的变化，主要表现在心理辅导室的建设、心理健康教育活动课以及个体与团体心理辅导工作的开展等。

（二）加大资金投入

学校在配备了专用仪器设备与教辅工具之外，还配置了总面积为 382 平方米的心理健康教育辅导中心。心理健康教育辅导中心设有个体辅导室、沙盘游戏室、放松室、团体辅导室、学生阅览区、心理测验室、心灵驿站教师书吧、办公区等。除此之外，学校还配备了心理测量管理软件、心理档案资料柜、心理咨询热线、心理辅导信箱等心理健康教育必需的设备。

（三）购买心理健康教育书籍

心理辅导中心征订教师心理健康教育和学生心理健康教育的书籍 60 余种，如《大众心理学》《校园心理》《心理与健康》《中小学心理健康教育》等心理教育类专业书籍。

（四）加大师资投入力度

心理健康教育辅导中心现有专职教师 1 名，兼职心理辅导教师 2 名，其中有 2 名教师获得国家二级心理咨询师、1 名教师获国家三级心理咨询师资格证书。同时，学校定期选派专兼职教师参加国家级、省级、市级培训，并要求参加完培训的教师在学校对全体教师开展二级培训。在此基础上，广大教师的专业水平得到很快提升，同时为心理健康教育工作的开展提供了专业保障。

五、创立"14357"工作机制

（一）树立"一个理念"

一直以来，学校都秉承"塑阳光心灵、育阳光少年、建阳光校园"的心理健康教育理念。学校领导在引领学校心理健康教育工作开展的同时，要求学校全体教师认真贯彻促进学生身心和谐发展、培养学生健全人格、为学生终身发展奠定良好基础的工作理念。

（二）明确"四个目标"

阳光学生。学校教育要提高全体学生的心理素质，充分开发学生潜能，培养学生乐观向上的心理品质，使学生认识自我、增强调控自我、承受挫折、适应环境的能力。另外，对有心理困扰或心理障碍的学生给予科学有效的心理辅导，使学生尽快摆脱障碍、调节自我，提高心理健康水平。

阳光教师。教师要能够主动调适心理问题，学会用科学的心理学知识管理自己的情绪，用阳光积极的心态参加工作。

阳光家长。家长需要了解和掌握中小学生心理健康知识，在家庭中要对自己的生活和孩子的教育起到良好的引导作用。

阳光校园。学校需要形成积极健康的校园文化氛围，将"心育"和"德育"有机整合起来，共同促进学校核心素养教育的全面发展。

（三）坚持"三个渗透"

教学渗透。学校提倡"阳光教学"，要求教师把阳光带进课堂，即"把微笑带入课堂，把民主带入课堂，把鼓励带入课堂"，使课堂充满温馨、温暖、温情，以激发学生的自主创造性。

德育渗透。学校将心理健康教育与德育工作有机结合、相融共建，其理想状态是"以心育德，以德养心，融为一体"。在具体的工作中，学校逐步将心理健康教育的思想与德育内容相渗透，充分发挥心理健康教育与德育工作的协调机制，以培养新时代人才所需要的健全人格。

管理渗透。学校要求所有教师把培养学生的心理素质作为教育教学的一项重要目标，尤其是班主任教师在从事班级管理的工作中，要围绕学生常见的心理健康问题展开班会讨论，可让学生以自由发言或以小组讨论的方式总结发言，以切实解决学生的心理问题，提高学生的心理品质。

（四）实行"五个结合"

将心理健康教育与课堂教学相结合，形成健康课堂。学校要求教师在教学中做到"三抓"，一抓：挖掘教材中蕴含的心理健康教育内容；二抓：提高在传授知识的过程中自觉渗透心理健康的意识；三抓：激励和培养学生积极情感和积极行为的能力。

将心理健康教育与养成教育相结合，形成健康校园。将心理健康教育与学校养成教育有效结合，要积极培养学生良好的学习习惯、生活习惯、社会行为习惯。

将心理健康教育与教师培训相结合，培养健康教师。学校会定期开展心理健康教育知识讲座，指导教师合理调整自己的心态，克服职业倦怠感，从而用积极健康的态度迎接每一节课、每一次教育教学活动。

将心理健康教育与课题研究相结合，形成健康科研。学校在此基础上申请并开展了心理健康教育课题研究，同时，将心理健康教育课题研究的成果渗透到各个学科的教学之中，以增强教师和学生的心理辅导能力和自我调节能力，最终提高学生的心理健康水平。

将心理健康教育与家庭教育相结合，形成健康家庭。学校会定期为家长举办心理健康教育专题讲座，普及心理健康知识，并在开展讲座的过程中，帮助家长及时了解和掌握孩子成长的身心特点、规律以及相关的家庭教育方法。

（五）建立"七条疏导渠道"

个体辅导。学校定期对师生开展心理健康普查，了解师生的心理健康状况，并有针对性地开展个体辅导，做到预防与辅导相结合，提高师生的心理品质。

团体辅导。学校根据学生的年龄、年级、家庭特点定期开展团体辅导，通过团体辅导解决学生的一些心理问题，使学生健康、快乐地成长。

家长沟通。学校每学期都会在家长会时，向家长普及心理健康教育知识，提高家长的心理健康水平，促进亲子沟通。

心理拓展训练。学校每年开展"5·25"师生心理拓展训练，既能有效缓解学生的学业压力，又能释放教师的心理压力、激发教师的潜能，同时还能增强教师团队的凝聚力，提升其职业幸福感。

"心理热线"。"心理热线"主要是针对部分不愿面谈的学生而建立的，同时也针对家长。"心理热线"可在线随时解答家长在家庭教育中遇到的困惑或难题。

"知心信箱"。学校心理健康教育指导中心设有"知心信箱"，学生可以将自己的心理困惑以书信的形式投入"知心信箱"，心理教师再以回信的方式与学生谈心交流，或就"知心信箱"反映的有代表性的问题进行个案辅导和剖析，并予以解答。

"心灵相约"校园电视台。校园电视台作为新型的媒体形式在校园中传播资讯，它能以直观的图像和即时的声音传递心理健康教育的内容，其覆盖面广、时效性强，可以有效弥补传统心理健康教育的不足。与此同时，学校还将"心灵相约"校园电视台与校园心理剧、心理健康教育活动课、心理微视频等心理健康教育内容有效整合，主要是利用信息技术媒体的作用推动心理健康教育的整体发展，以取得更好的教育效果。

经过九年的探索与实践，学校心理健康教育工作取得了可喜的成果。通过调查，我们发现不仅学校教师心理健康教育教科研整体水平有了显著提高，学校师生的心理健康水平有了明显提升，而且家长的教育方式也变得更科学。与此同时，"塑阳光心灵、育阳光少年、建阳光校园"的理念既促进了学校心理健康教育的深入发展，同时也推动了健康、快乐、文明、和谐、向上的校园文化的形成。

除此之外，在工作的开展过程中，我们也反思到了许多不足，仍然需要不断加强和完善。心理健康教育工作是一项任重道远的工作，心理健康教育辅导中心作为学校开展心理健康教育工作的重要阵地，将会继续扎实有效地推进学校心理健康教育工作，为青少年的全面健康成长奠定基础。

第二节　如何优化心理健康教育

随着时代的发展、社会需求的改变，心理健康教育成了素质教育的重要内容，成了校园文化建设的重点工作。尤其是小学阶段，素质教育要求积极开展心理健康教育，打造拥有健康、阳光心理的儿童，以适应日后激烈的社会竞争。但是，目前小学心理健康教育形式单一、教育渠道狭窄，教学效果并不理想。鉴于此，本节就优化心理健康教育进行了研究。

经过多年的研究，大家在衡量心理健康的标准上达成了共识，共有七方面的内容：智力水平是否正常、是否有自我意识、人际关系是否和谐、生活态度是否积极、社会适应能力是否良好、情绪是否乐观向上、人格是否完整。这为小学心理健康教育指明了方向。因此，小学心理健康教育是运用恰当的方法和策略，有计划、有目的地教育、渗透自我意识、社会适应、人际关系、情绪调节等方面的内容，维护、调整心理健康状态，帮助小学生构筑良好心理素质的教育。然而，目前小学心理健康教育并没有全部落到实处。换句话说，小学生知道什么是健康的心理，但是不知道如何打造健康心理。这说明教师的教学出现了问题。鉴于此，我提出了以下三种有效的心理健康教育形式，以优化心理健康教育。

一、重视心理辅导活动

世界上没有完全相同的两个人，尤其是在自由、开放的今天，学生个性鲜明，个体差异较大。因而，在心理健康教育中，教师尤其不能采用"放羊式"教学，忽略小学生心理差异。那么，应该怎么做呢？心理辅导活动是一种有针对性和实践性的教学方式。所以，在教学中，教师可以根据不同学生的心理需求设计心理辅导活动，帮助学生在活动中调整心态，学会构建健康心理的方法，使每个人的心理都有所改善。

例如，教师可以组织"分享会"活动。即全班学生围成一个大圈，在教师的引导下每个学生都进行内心分享，可以是痛苦，也可以是喜悦，以此宣泄情绪，找到调节自我心理状态的方法。同时，教师认真记录每位学生的发言，了解班级学生的心理健康状态，从而对症下药，调节学生心理。比如学生 A 分享了自己遭受校园暴力的故事，宣泄了情绪；首先引导学生给予他拥抱和鼓励，让他感受温暖，勇敢面对伤害；其次就他的遭遇，教师进行专项心理辅导，帮助他调节心理，恢复心理健康。在整个心理辅导活动中，一方面，学生之间可以互相给予帮助，另一方面，教师可以进行专门辅导，一举两得。所以，心理辅导活动是优化心理健康教育的有效形式。

二、注意团体辅导活动

团体辅导是一种"归类"辅导方法，具体来说，是将拥有相同心理状态的学生放在一个群体环境中，开展有针对性的辅导。这种辅导活动的好处在于，学生之间能够形成心理支撑，使他们能够有勇气面对心理问题，找到解决问题的方法。所以，团体辅导活动也是小学心理健康教育的有效形式，既可以减轻教师心理辅导负担，又可以有效调整学生心理，起到事半功倍的效果。

例如，面对一批在人际交往上存在困难的学生，教师可以组织"无敌风火轮"游戏，在游戏中落实团体心理辅导，提高学生协调人际关系的能力，增强心理素质。具体如下：

首先，小学生们需要在规定的时间内制作一个能够容纳 12~15 人的大圆环并立起来，在这个过程中，考验问题学生克服困难、协调组织、计划配合等方面的心理；其次，团体成员站进圆环内边走边滚动圆环，这一过程考验学生服从指挥、相互信任的心理；最后，就游戏过程中的表现进行相关心理评价，使学生找到解决心理问题的方法，有效调节心理。在整个过程中，学生通过感受、反思，获得了打造健康心理的方法，提高了心理素质。所以，团体辅导活动是优化心理健康教育的重要形式。

三、强调心理教育讲座

小学心理健康教育的最终目的是培养学生良好的心理素质。但是，目前学生对于心理健康教育认识不足，缺乏调节心理意识。鉴于此，教师可以开展心理教育讲座，针对小学生普及心理健康知识，帮助学生安全度过青春期，形成健康心理意识。

例如，小学中、高年级的学生马上要进入青春期，心理上会发生一些变化。为了避免学生无所适从，教师可以组织心理健康讲座，讲座可分为两部分：讲解和解答。讲解部分的内容包括：青春期心理特点、青春期常见心理问题、心理问题等级划分标准、解决心理问题的办法、如何正确看待心理咨询、青春期不健康心理的危害举例等。解答部分主要是与学生进行互动，解答学生存在的疑问。通过青春期心理健康讲座，小学生形成了维护心理健康意识，做好了面对青春期心理变化的防御工作，培养了良好的心理素质。因此，组织心理健康讲座可以优化心理健康教育。

总之，在小学心理健康教育中，教师要以学生为中心开展心理健康教育工作，解决目前存在的心理健康教育问题，优化心理健康教育形式，使心理健康教育落到实处，切实提升小学生心理素质。

第三节　普通高中生的心理健康教育

当今世界科学技术飞速发展，国际竞争日趋激烈，我们要实现中华民族的伟大复兴，就必须努力培养同现代化要求相适应的数以亿计高素质的劳动者和数以千万计的专门人才。良好的心理素质是人的全面素质中的重要组成部分，是未来人才素质中的一项十分重要的内容。当代中学生是跨世纪的一代。他们正处在身心发展的重要时期，大多是独生子女，随着生理、心理的发育和发展、竞争压力的增大、社会阅历的扩展及思维方式的变化，在学习、生活、人际交往和自我意识等方面可能会遇到或产生各种心理问题。有些问题如不能及时解决，将会对学生的健康成长产生不良的影响，严重的会使学生出现行为障碍或人格缺陷。他们的健康成长，不仅需要有一个和谐宽松的良好环境，而且需要帮助他们掌据调控自我，发展自我的方法与能力。

一、"教师应当是心理医生"是现代教育对教师的新要求

现代教育的发展要求教师"不仅仅是人类文化的传递者，也应当是学生心理的塑造者，是学生心理健康的维护者"。作为一名心理保健工作者，也许不是一个班主任的主要任务，然而作为一班之"主"的班主任，能否以科学而有效的方法把握学生的心理，因势利导地促进各种类型学生的健康成长，将对教育工作成败有决定性的作用。

经过长期观察，我认为当前中学生中普遍存在的心理问题表现为以下几个方面：

（1）情绪方面的极不稳定，喜怒无常。当其情绪喜悦时，学习积极性高涨，与别人相处和谐；当其情绪烦躁忧郁时，学习积极性低落，与别人难以友好相处，甚至出现逃学、打架、斗殴等现象。

（2）意志方面一般为优柔寡断，虎头蛇尾，自制力差，易受暗示。当其情感冲动时，自制力较差，不能正确对待自己和控制自己，当外界诱因强烈时，容易动摇。当学习中碰到困难，生活中遇到不顺心的事时，就表现为悲观、失望，甚至退缩，意志崩溃，破罐子破摔。

二、班主任开展心理健康教育的内容

（1）认知与学习心理。如观察、记忆、思维、创造、学习环节和方法、思维方法、社会认知。研究表明，加强这方面的心理健康指导，可以使中学生按学习规律去学习，讲究学习方法和用脑方法，注意劳逸结合，消除学习中的被动状态，从而更好地掌握注意、记忆、观察、思维规律，学会学习。

（2）心理品质。如认识自我、自信、兴趣、动机、能力、性格、气质、情绪、意志、战胜挫折等。学习这部分内容，有助于让学生学会自我控制、自我管理与自我监督，从而学会做人。因为任何教育都必须通过学生自身的努力内化为自己的认知、情意结构，而内化的程度将取决于他们自身的素质，特别是心理素质。因此，心理品质教育是中学生健康教育的重要内容，也是重头戏。

（3）人际关系。如社会交往，善待他人，正确处理与同学、家长、教师与集体的关系。通过这方面的教育，可使中学生提高交往能力，学会调整人际关系，无论现在和将来都能在和谐、安逸、轻松、愉快的氛围中学习、工作和生活。

三、班主任开展心理健康教育的途径

（一）在班级管理中开展

班集体作为一个有着一定规章制度的严密群体，班主任可以利用这一群体有效地开展

心理健康教育。

（二）建立自主合作的管理模式

班级常规管理是一项整体性的育人工程，把学生的积极因素调动起来，制定班级管理的目标，才能够形成合力，共同构筑学生的自主合作的管理机制。这样，班主任必须想方设法构建学生自我管理体制，为学生设置多种岗位，让每个学生有机会上岗"施政"，有服务同学、锻炼自己、表现自己、提高自己的机会。

（三）在处理学生间的矛盾时，着重学生深层心理的分析

因为心理健康教育注重的是人的发展性的问题，在处理学生的矛盾时，就不能简单地告诉学生对与错就行了，还要多问一个为什么？你当时是怎么想？为学生提供多种选择，让学生在自悟中慢慢使其心理得到发展。

（四）在心理辅导课中开展心理教育

心理辅导课是班主任开展心理健康教育的一个专门的过程。针对学生在成长过程中所遇到的或将要遇到的一些典型的问题而设计的一个团体的辅导过程。如：新生入学的适应性问题、学生在交往中怎样处理与朋友之间的矛盾、学生怎样克服自我中心和任性等等。

（五）在环境布置中渗透心理教育

首先，要重视班级环境的布置，培养良好的班风。班级环境的布置既要符合学生心理，又要有浓厚的爱国主义、集体主义气氛。如张贴名人名言，出好每期黑板报，开辟专栏。重大节日和开展活动时，班级布置突出主题。班主任要把培养良好的班风作为班级工作的重中之重，同时树立"民主治班"思想，创造宽松环境，只有形成奋发向上的班风，才能让学生在集体的氛围中受到感染，培养学生积极向上的健康心理。

其次，要重视校园文化建设，培养优良校风。为了提高学生的心理素质，学校可通过多种形式，营造良好的育人气氛。如利用校园广播站，开辟心理健康教育讲座，通过黑板报进行心理健康教育宣传，保持合理竞争，激发学生的上进心。总之，校园文化的建设要能引起学生情感的共鸣，心灵的共振，将校园文化渗透于学生心理各方面，再转化为学生的良好行为。

当然，学校开展心理健康教育的途径和方式是多种多样的，如心理预防、心理辅导、心理咨询、行为矫正等。但我们更应重视学校心理健康教育渗透途径的作用，将心理健康教育融入学校教育全过程，促进全体学生心理素质发展和提高。

总的来说，心理健康教育不是班主任工作的全部内容，若想对学生进行心理健康教育，在严格意义上，必须配合一定的心理健康课程与学校专门的心理咨询措施，但是作为一名班主任，结合心理健康教育来开展工作，又是必要和有效的。当然以上仅是我的一些粗浅探讨，那么如何在二者间寻找更加有效和完美的切入点，需要我们德育工作全体同仁继续探讨和实践。

第四节 "学困生"心理健康教育初探

提高全民素质，要从小学做起，这就要求我们小学教师关注所教的每一位学生，不让一个孩子掉队，尤其要对班级里那些智力正常但学习上有困难、与实际教学要求有一定差距的学生，就是教师们所说的"学困生"加以重视。

一、小学"学困生"心理问题分析

我在二十几年的教学工作中发现造成这些学生学习困难的原因有许多。总的来说，形成学习困难的原因是由学校、家庭、个人的多方因素累积而成，其中学生自身的心理因素是十分重要的。我们教师、家长常说，某某学生不喜欢学习，其实仔细分析其心理，我认为许多因素值得关注。我发现这样几种心理现象较为普遍：

他们具有明显的自卑感、失落感。由于学习成绩差，与群体落差大，家长埋怨，教师指责，同学歧视，导致他们自暴自弃，不思进取，形成一种"失败定势"的心理暗示，对学习也就丧失了信心。

他们具有胆怯心理。由于一开始在学习上遇到小困难不敢向教师或同学请教，不愿意暴露自己的弱点，怕别人讥笑，时间长了就形成恶性循环。

他们都承受着心理压抑。在学习时常陷于痛苦、忧伤、难以自拔的心境之中，导致心理压抑。

他们都有惰性心理。由于小学生心理发育不成熟，所以学习上不肯用功，只图安逸自在，"玩"字当头。

他们多少都有逆反心理。常常受到批评、指责和嘲讽，对教师、家长的教育产生逆反心理。

他们受生理、心理发育限制，接受能力差，孤立地看问题，不善于分析和解决问题。缺少学习动力，学习兴趣低下，没有养成良好的学习习惯，不善于积累和运用适合自己的学习方法，因而造成诸多的知识漏洞，久而久之，便成为学习有困难的学生。

二、"学困生"心理问题对策

苏霍姆林斯基说："对每一个学习困难的儿童我们崇高的使命就在于给予他一种自尊感。"一点点成功"会给他带来无可比拟的欢乐、自豪感和自信心"。

（一）用师之爱，开学之心

孟子说过："爱人者，人恒爱之；敬人者，人恒敬之。"爱心是促进学生进步基础和情感前提，教师只有用自己诚挚的爱心拥抱学生，才能让"学困生"解开心中胆怯、压抑之

"锁"，让"学困生"敞开心扉。教师可以利用课余时间主动接近他们，与"学困生"定期谈话，了解他们的一些情况，并在生活上、思想上给予足够的关心；还可以在课间制造一些机会，与他们玩一些积极、健康的游戏，以营造一种互相合作的氛围，让他们在教师面前不再害怕，让他们在课堂上不再紧张，这样在课堂上才能快速调动他们的学习兴趣和热情，让他们爱上学习。

（二）自我暗示，树立信心

没有正确的自我意识是许多"学困生"形成"失败定势"的原因。启发诱导他们找出最初对自己影响最大的一次失败，分析其疑点和问题的症结，消除其思想上的顾虑，帮助他们重新认识自我，让他们树立自我的信心。教师可以在每次分配给"学困生"学习任务时，都要有意识地指导他们进行自我暗示：以前我认为自己笨，是错误的，现在老师说我不笨，只要我认真去做，肯定能做好的；在学习的过程中发现他们小小的闪光点就加以表扬，或者他们的答案接近正确答案的时候马上予以肯定，这样经过反复训练，学生就会逐渐对学习产生兴趣，乐意接受新的学习任务，不断消除"失败定势"的影响，形成"我能行"的自我意识。

（三）激发兴趣，培养习惯

有些"学困生"成绩差，是因为没有学习兴趣、懒惰、学习习惯不好。针对这些孩子，激发他们的学习兴趣，培养良好的学习习惯就显得尤为重要。小学生的生理和心理特征发展决定了他们好奇心强、喜欢游戏的特点，所以学习过程中，结合学习内容讲一些有趣的故事，创设一些情景，多做一些学生喜欢的游戏，让学生在学中玩，这可以激发学生的进取心和求知欲。此外，还需要在课堂上多关注他们，提醒他们养成专心听讲的习惯；教学中重视他们每一次的参与、成功，即使是作业、学习态度、上课发言中的点滴进步，都应及时表扬，肯定他们的能力和态度，使他们体会参与学习、获得成功的喜悦，感受学习的乐趣；还要多和家长沟通、交流，让家长在家庭中多督促，以构成教育合力，这才能帮助他们克服懒散的心理，养成良好的学习习惯。

（四）与家长沟通，合力教育

还有部分学生是因为家庭原因，如父母离异而性格内向、孤僻，并伴有自卑心理，导致学习成绩落后，教师可以利用班会或活动时间主动找他们谈心，平时在学习、生活上多给予关心，平等地与其交流，给他们以宽容的态度，还可做好与家长的沟通，动员家长主动关心孩子的生活和学习情况，从而帮助他们摆脱心理阴影，无所顾虑地把心思用到学习上来。

总之，小学教育是基础教育的一个重要阶段，是一个人的身心健康成长和素质全面发展的重要时期，小学中"学困生"的转化更是一项长期、艰巨、复杂的系统工程，只要树立信心，将满腔热情投入其中，用爱心和耐心拨动心弦，巧妙疏导，就一定能产生"精诚所至，金石为开"的奇特效应。

体育课程标准的实施，使学生、教师都发生许多新的变化，但在课堂教学中，仍存在着许多不容忽视的问题。其中体育"学困生"是学校体育中一个不可忽视的群体。体育"学困生"普遍存在着自卑心理，自己觉得体能不如人，独立性差，依赖性强，只能适应顺境，受不了委屈或挫折；遇到困难茫然失措；缺乏意志力，害怕失败等心理问题。因此，如何在体育教学中通过对体育"学困生"的心理健康教育，帮助其解决心理发展中的矛盾与冲突，使其身心得到健康发展，是值得我们深入探讨的。

三、体育"学困生"的心理特点

初中阶段是青少年学生长身体、长知识和世界观逐步形成的时期。处于这一时期的青少年思想活跃，要求进步，但组织纪律性差，自控能力也较差；有创新意识，接受新生事物快，善于交往，但不能持之以恒，缺少艰苦奋斗精神；他们希望学有所成，有所作为，但往往知难而退，缺乏实干精神。体育"学困生"除了具有同年龄青少年一般的心理特征外，还具有以下"个性"心理特点：

（一）体育学习动力不足

他们对体育学习和锻炼的意义认识不清，对体育的兴趣仅停留在对结果的需求上。

（二）心理矛盾，情绪不稳

体育"学困生"有自卑、逆反、自闭、放纵等不同类型的心理特点。他们的自尊心和自卑感常常交织在一起，并时时处于矛盾状态中，他们对周围的教师和同学有恐惧感和对立情绪，他们的意志薄弱，自制力较差。

（三）性格内向，缺乏自信

体育"学困生"大都有性格内向的特点。在集体活动中适应性较差，有时手足无措，不能充分表现自己的能力，缺乏自信心，往往知难而退。

（四）意志品质薄弱

体育"学困生"意志品质比较薄弱，缺乏毅力，怕苦怕累，对持续时间较长、单调的项目难以坚持。缺乏勇气，担心练习中出现伤害事故，练习时束手束脚。

（五）缺乏积极的情感体验

一些学生由于体形较胖、力量较差，导致体育成绩较低，体验不到肌肉活动带来的积极感受。从而使这些学生主动进行锻炼的动力不够，体育成绩提高较慢。

四、了解"学困生"成因，制定切合实际的学习目标

仔细分析体育"学困生"的形成原因，大致有三方面：遗传、环境、教育。"学困生"之所以成为"学困生"，就是因为他们达不到教师要求，完不成教师布置的任务，怕被别

人说闲话，一直以来受"我不行"的心理素质影响，坐惯了冷板凳，所以便知难而退了，他们也就从自我感觉不行，到别人感觉不行，以至于成了人们印象中的怎么教育都不行，什么都不是的"差生"了。

我们在了解了这些情况之后，应该针对学生的个体差异，区别对待不同的学生，对症下药，多管齐下，多法并用，帮助"学困生"体验成功的快乐，帮助他们确定符合自己实际情况的学习目标。引导学生制定奋斗目标时，既要让他们觉得教师没有贬低自己的意思，更要让他们明确教师把目标分解开来，让自己各个突破的目的所在，在这个过程中，应该让学生充分体验到达成分段目标的喜悦，体验到成功的乐趣。这一环节，教师的态度和方法是促成学生分段目标达成的关键因素。

五、在体育教学中加强对"学困生"心理素质的培养

（一）提高学生思想认识

体育"学困生"多数对体育缺乏正确认识，如有的认为身体强弱是先天决定的，有的把体育锻炼和文化学习对立起来，也有的只求不生病就行等。因此，要主动用生动的事例和科学知识有针对性地加强思想教育，并注意观察、深入了解他们的心理特征，把提高认识和培养兴趣结合起来，调动起积极因素，教育他们自觉积极地参加体育锻炼。

（二）优化组合，表率帮带

努力营造一种学生之间相互尊重、互相关心、团结友爱的和谐气氛。利用优生影响体育"学困生"，带动"学困生"，使"学困生"产生"他能做，我也可以完成"的竞争心理，充分调动周边积极因素，通过集体的力量帮助他们、带动他们，不再使他们成为"孤立儿"和"嫌弃儿"，在最优化的环境中进步。

（三）抓住时机，表扬激励

首先，体育教师不要让体育"学困生"常处于被人遗忘的"角落"，要善于并及时发现体育"学困生"的闪光点，及时表扬，激励体育差生的上进心，发挥他们的优势，从而使他们认识到自己的价值，不断进取。

（四）区别对待，引起兴趣

对身体素质差的学生要降低标准，把练习中经常尝"苦头"的体验化为尝试成功的喜悦引起学生的兴趣。胆子小的，用风趣诙谐的语言，生动形象的比喻，消除他们的紧张心理。体形特殊的，可组织他们参加一些娱乐性节目，循序渐进，提高学生的兴趣。总之，给他们力所能及的可行目标，调动体育"学困生"内心的积极因素，改变其消极的自我认识，逐步树立自尊心、自信心。

（五）投入师情，耐心施爱

投入教师情感是一种从满足体育"学困生"需要出发的措施。由于体育"学困生"所

处的"环境恶劣""地位低下",教师在体育教学过程中稍对他们加以关爱,就会使体育"学困生"感到教师的和蔼可亲、可敬、可信,情感上引起共鸣,增强向师性,进而以正常的心态进行体育课的学习。

六、针对体育"学困生"的心理健康问题,采取相应的教育措施和方法

有组织、有计划地开展体育"学困生"心理健康问题的研究。我们必须慎重对待体育"学困生"心理健康问题,并加以专门性研究,制定出符合我国国情的指标体系,以便采取有效措施提高体育"学困生"的心理健康水平。

对体育"学困生"来说,采用得当的教育方法,可将其积极情感用教师殷切的期待和依赖的方式使之直接转化成精神力量,成为体育"学困生"积极进取的动力源泉,增强他们的自信心,产生强大的内驱力。

体育教师要善于开启体育"学困生"封闭的心门,努力引导他们自省、自理、自律、自治,使他们感到来自家庭、教师、同学和社会的温暖。激发他们向上的积极情感,引导他们自我教育,自我约束,自我改正,对他们心理的健康成长大有好处,只有这样,才能发挥事半功倍的教育效果。

倾听心声,耐心引导。教师应与体育"学困生"达成协议,如果他们遇到什么困难或什么想法,可以打电话、写信、聊天等方式进行谈心。跟他们谈心时,一定要先认真倾听他们的诉说,然后以热情、诚恳的态度提出学生能够接受的建议,真正做到师生心灵相通,使教师成为学生的知心朋友,才能让体育"学困生""亲其师而信其道",使其心理状态向积极健康的方向发展。

在转化体育"学困生"的过程中,教师必须和学生保持平等、融洽的师生关系,才能让学生把教师看作自己人,以缩短师生间的心理距离,使学生乐意接受你的教育,才能打动学生的心灵,促其反省,收到较好的教育效果。

第五节　浅谈学生的心理健康教育

当前的中国正处于改革发展的关键时期,在复杂多变、处处充满竞争的社会中,由于每个人的身心承受能力不同,所处的生活环境不同,接触的人群不同,往往会使人们出现焦躁、迷茫、压抑的心理表现。尤其是身心尚未成熟的青少年学生表现出各式各样的心理障碍,心理品质明显下降,严重威胁着青少年学生的健康成长。近年来,中小学生自杀、学生杀老师等触目惊心的案例时有发生。有资料表明,仅广州某辖区中小学生范围内,19.4%的小学生、28.9%的初中生、36.8%的高中生"夜里睡觉总想着明天的功课";

41.5% 的初中生、62.7% 的高中生"很容易疲劳"，41.7% 的高中生"经常想大声喊叫"。相关研究表明，高中生抑郁症状检出率在 15.7%—25.3% 之间。如果我们忽视了心理健康教育，学校老师和家长及其他方面的教育都是徒劳，学生的心理困扰会使他们失去理智，形成不健全人格，将来难以自立于社会。因此，在青少年学生中开展心理健康教育很有必要。对青少年学生健康心理培养是一项系统工程，需要学校、家庭、社会的共同努力，通过多种方式对青少年学生进行心理健康教育和指导，帮助他们提高心理素质，培养健全人格，增强他们承受挫折、适应环境的能力。

一、开展学生心理健康教育的重要性和必要性

当今世界科技飞速发展，国际竞争日趋激烈，我们要实现中华民族的伟大复兴，就必须努力培养同现代化要求相适应的数亿万计的高素质劳动者和专门人才。而良好的心理素质是人的全面素质中的重要组成部分，是未来人才素质中的一项十分重要的内容。当代青少年学生是跨世纪的一代，他们有许多又是独生子女，随着生理、心理的发育和发展，竞争压力的增大，社会阅历的扩展及思维方式的变化，在学习、生活、人际交往和自我意识等方面可能会遇到或产生各种心理问题。有些问题如不能及时解决，将会使其出现行为障碍或人格缺陷。

因此，在青少年学生中开展心理健康教育具有非常重要的意义：

（一）是维护社会稳定、学校正常运作，让学生家庭幸福的需要

近年来，社会出现了青少年违法违纪事件增多的趋势，如果从心理角度分析，可以发现多与他们的心理危机状态或不健康状况有关。

（二）是培养青少年学生健全的人格和良好的个性心理品质的需要

开展心理健康教育，能使学生不断正确认识自我，增强调控自我、承受挫折、适应环境的能力，培养良好的心理素质；并对少数有心理困惑或心理障碍的学生，抓住教育契机，动之以情，晓之以理，给予科学有效的心理咨询、辅导和鼓励，使他们尽快摆脱障碍，调节自我，提高心理健康水平，增强发展自我的能力。

（三）是当前社会变革的需要

近二十多年来，随着社会变革而产生的一些变化或暂时不可避免地滋生的一些因素，对青少年学生心理状态产生消极作用：如离婚率不断提高，家庭温馨气氛减少、家庭管教方式不当；学校频繁的测验考试、学生分数排位；网络的出现、信息渠道的畅通、社会上的不正之风、观念的多元化等，这些方方面面的因素，决定了开展心理健康教育不仅非常重要而且非常迫切。

（四）是全面素质教育的要求

心理健康教育是整个素质教育的基础，人的心理作为人的整个精神活动基础，对人的

影响是极其广泛而又深刻的，它以广泛的内容，深刻地影响和制约着学生各方面素质的发展，渗透到人的一切活动中，人的言行实际上就是心理活动的不同程度的外在化表现。所以，通过心理健康教育，使学生处于最佳状态，人的各方面素质才可能获得充分发展。

（五）有利于直接促进学生的心理健康，提高教学质量

通过有效途径维护学生的心理健康，学生心理得到正常发展，心理困惑得到疏导，不良心理与行为得到矫治，学生学习积极性提高，思维活跃，学习上没负担，爱学、会学并富有创造性，个性健全发展，能适应学校、社会的要求，教学质量会显著提高。

二、当前青少年学生心理问题的表现及成因分析

（一）青少年学生的心理问题的主要表现

紧张心理。学校教育内容、教育者的教育观念等因素，致使青少年学生长期处于过分紧张的气氛中，频繁的考试、升学的竞争，造成了部分学生心理紧张、恐惧、焦虑和慌乱。

消极心理。由于学校生活的单调、学习内容的枯燥，部分学生感到空虚和孤寂，在日常生活中我行我素，不思进取，甚至用吸烟、酗酒等行为寻求自我刺激，消极地打发时光。现在的学生，有许多是独生子女。在优越的生活条件下成长的独生子女，在家庭中有求必应，万般溺爱，从未受过磨难和挫折，一直在家人、亲朋的赞许中长大，逐步形成了自傲偏执心理。这时的家长却没有采取有效的措施，要么听之任之，要么非打即骂，从而形成了其怪僻的性格，使其对人对事的态度变得冷淡、漠不关心，有时近乎"冷酷无情"，对集体活动冷眼旁观，置身事外，给人一种"看破红尘"的感觉。他们个性极强，无论在家里还是在学校，唯我独尊，既看不到别人的长处，又看不到自己的短处，表现出傲慢无礼；他们只愿意听中意的话，不能忍受别人的批评，总是固执己见，更不堪承受自己在学习、生活与交往过程中的失败。这种人容易受到集体的排斥和冷落，人际关系紧张。一旦遇到挫折，往往不能客观地找出自身的问题，总是灰心丧气，一蹶不振，造成厌学、逃学等消极行为，甚至走入歧途。国外心理研究者指出：在现代社会中，不少青年在心理上处于"三无"状态，即：无动于衷，谓之无情；缺乏活力，谓之无力；漠不关心，谓之无心。

逆反心理。青年学生中，有些人经常不接受教育，不听话；经常与教师、家长、同学"顶牛"，事事认为自己"正确"；反对所有人的劝告、批评和帮助。从主观上看，孩子在刚学话、走路，不断接触外界事物中，便有扩大范围的要求。随着他们的发育和成长，他们的自我意识也不断增强，思维的独立性、主动性和批判性也得到发展，加上他们的好奇心和"代沟"障碍，这时孩子常常表现出不喜欢听从父母摆布和安排，甚至用"顶牛"、对着干的方式来表达或发泄他们对家长、老师或外界约束其思想和言行的不满情绪。他们目中无人，狂妄自大，是非观念较差，逆反心理较强，不能把个人的言行纳入学校集体所要求的正确轨道，或口是心非，或蛮不讲理，或表现出匪气、霸气。少数学生心理封闭，没有可以倾诉的朋友，与家长感情隔阂，与同学缺乏信任，与老师缺乏沟通和理解，所以往往在学校

生活中表现出孤僻、偏激、退缩、敏感和神经质，在行为上与老师和家长的要求相悖。从客观原因上看，主要有两个方面：一是在网络高速发展的时代，学生无论在心理上，还是在思想观念上都受到外界的冲击，一些不良思想也在侵蚀他们的心灵，从而助长他们的逆反心理；二是家庭和学校对孩子的要求过高，物极必反，使学生产生逆反心理。

嫉妒心理。所谓嫉妒心理是指他人成就高于自己时产生的一种非常心理，俗称"红眼病"。它具体表现在：对同学学习成绩的嫉妒。对同学各种荣誉的嫉妒。对同学友谊、相貌、衣着等的嫉妒。嫉妒心是一种不良的心理意识和情感，是一种对待他人的成就、名望、优点或优势地位等不友好，甚至是敌视的情感。它产生的基础是个人利己思想和强烈的虚荣心，具有嫉妒心理的人，实质上是纯洁的情感开始堕落，健康的心理受到污染，他们对事对人往往充满猜疑、怨恨和敌意，容易采取一些不理智的行为，如不及时对他们加以教育纠正，不但危害社会，也毁了他们。

青春期异常心理。处于生理发展的兴旺时期的青少年，很自然地对异性产生好奇心理，甚至对男女性意识发生兴趣，以至产生恋爱行为，当恋爱行为受到家庭、学校、社会及个体自身因素的制约而无法适应或产生矛盾时，就会出现各种不正常、不健康的恋爱心理或行为，这一心理被称为"青春期异常心理"，如果处理不当，或不加以及时引导，将会影响他们的健康成长。

盲目心理。相当一部分青少年学生没有远大的理想，没有明确的学习目的，不能把今天的学习和明天的未来联系起来，更谈不上把自己的前途与祖国和事业联系起来。一切处于受支配的被动状态，在学校生活中缺乏自觉学习的主人翁精神。

（二）影响学生心理健康的原因

客观原因主要有：

（1）学校教育因素的影响。在教育实施过程中，受教育者深受教育者的影响。无数案例研究分析说明，许多干扰青少年学生心理健康的因素来自学校和教师。首先，学校教育中存在的重智力水平高低、学习成绩优劣，忽视学生全面发展和整体素质等陈旧的教育观念，使部分学生因不能掌握学习规律和方法而成绩欠佳，一时又不能找到改变现状的途径，内心失落、孤独、自卑，造成心理抑郁、焦虑，认为自己处处不如别人、无能等严重心理问题。其次，教育工作者的工作方法、教学方式不当，对学生的心理健康产生严重影响。在当前的学校教育中，潜在一个"无形杀手"，即某些教师不负责任的言行诱使部分学生出现心理问题。当学生需要爱心、理解、尊重时，有的教师反而冷言冷语、挖苦、讽刺，甚至让学生当众出丑，势必使他们难堪，以致无地自容，更有个别教师对学生进行心理惩罚和心灵虐待，用直接的（如嘲讽、辱骂、体罚等）或间接的（如含沙射影、指桑骂槐）手段给学生心理造成严重的伤害，使学生产生自卑、逃避、反抗或逆反、报复等不良行为，人际关系的不和谐，导致学生猜忌、对立和多疑。再次，学校管理工作中，维护学生心理健康的意识还相当淡薄，一方面缺乏专业教师，骨干力量作用发挥不足，另一方面教师在班级管理和教学工作中自觉运用心理教育理论的意识还不够，以致形成教育空白。

（2）家庭的影响。有的家长文化程度和道德修养较低，自身不完善，对子女的教育引导往往与学校教育产生偏差，且教育方法简单粗暴，或溺爱袒护，或放任自流；期望值过高或过低，反复无常，让孩子无所适从。有的家长将自己青年时期未能实现的梦想理所当然地转嫁到孩子身上，再加上有的家庭父母不和、家庭破裂等。诸如此类，都造成了学生心理负担重，精神压力大，从而导致依赖性强、心理承受能力差、强迫、敌对、孤独等心理障碍。

（3）社会大环境的影响。我国正处于改革开放的关键时期，体制的变革，市场经济的逐步确立，使人们的思想观念发生了很大变化。学校处在社会思想变化的前沿，而青少年学生的思想变化是社会思想变化的代表，面对许多来自社会思想观念、大众传媒和外来文化中不健康内容的冲击，以及社会种种不良风气的熏陶影响，对于判断能力较差，处于人格塑造发展时期的青少年学生，在心灵上产生的震撼也极为强烈。对于正确的思想观念他们易于接受，但对于错误的东西，由于其社会阅历浅，辨别是非的能力有限，对社会上许多问题尚缺乏理性的思考，也易受不良思想观念的影响。比如社会影视文化中不健康的东西易增加学生在交往中的恐惧心理和不健康的性意识及行为；"应试教育"的误区导致许多学生心理压力大，诸多矛盾解不开，使他们困惑、苦恼，进而缺乏远大理想、拼搏精神和前进动力，导致心理疾病。

主观原因主要有两个方面：

（1）学生自身生理、心理发展不平衡。由于家庭、社会、学校等一些消极因素的影响，许多学生自我控制能力差、思维不够深刻，一旦脱离父母的约束，就表现出在现实生活中手足无措的矛盾。再加上随着生理的发育，性心理反应渐趋强烈，但由于社会阅历浅、对情感问题缺乏正确认识，容易引起强烈的感情震荡，出现情绪低落，心理失调。加之，有的学生还不善于认识问题和分析问题，不善于重建平衡，不善于运用自我功能克服"危机"，所以一旦面临种种压力，就容易出现心理失衡，导致心理障碍。

（2）躯体疾病影响心理健康。常言道：身体是革命的本钱。身体不好，将导致精神不振，直接影响一个人的心理承受能力。一些学生入校后，放松了对身体的锻炼，饮食起居不规律，导致了一些慢性疾病发生，发病后又不愿意及时诊治，最后直接影响到本人的学习生活，造成精力不集中、精神空虚、烦躁，有的提出休学，有的甚至认为既增加社会负担又增加家庭负担，产生轻生念头。这个问题如果处理不当，就会严重影响学生的心理健康。

三、学生心理健康教育的有效策略和措施

中共中央、国务院《关于深化教育体制改革，全面推进素质教育的决定》明确指出："针对新形势下青少年成长的特点，加强学生的心理健康教育，培养学生坚忍不拔的意志、艰苦奋斗的精神，增强青少年适应社会的能力。"把心理健康教育提到了学校教育工作的重

要地位。我们必须结合实际，采取有效的措施，大力加强青少年学生的心理健康教育。

（一）深化教育体制改革，全面实施素质教育

要统一思想，加深对推进素质教育的重要性的认识，扎实开展素质教育的宣传工作，使其家喻户晓，深入人心。要改革教育考核评价体系，建立起符合素质教育对各级政府、教育部门、校长、教师、学生的考核体系。同时，要对现行教材、课程、教学大纲进行改革，对升学考试制度进行改革，实行"三级分流"，大力发展职业教育，拓宽成才和就业渠道。彻底扭转应试教育，全面推进素质教育。

（二）充分发挥学校心理健康教育的主渠道作用

实施心理健康教育过程中，教师是心理健康教育的主要实施者。他们的理论素养和实践能力，直接影响教育实效。这就要求学校做好教师的继续教育工作，以更新教师的教育观念，提高教师心理健康教育理论水平和实践能力。要重视教师的心理健康，要保障教师有一种积极、乐观、平和、稳定、健康的心态，以旺盛的精力、丰富的情感，投入到教育教学工作中去。要提高教师素质，强化师德建设。教师的合作对象是学生，因此教师要有健康积极的个性，包括积极向上的工作动机，正确的自我意识、自我概念、自我尊重、自我满足感、自我信赖感、自我价值感，以及耐心、成熟、平衡、情绪稳定、心理健康等人格特质，这是每一位从事教育教学工作的人员应具备的品质，应遵守的要求；同时，亦要求教师能在社会的人际交往中表现出必要的道德水准，影响他人，在教育过程中能够用自己的良好言行去影响学生。教师要热爱学生、关心学生、尊重学生的人格，特别是对后进生做到不歧视、不讽刺、不放弃，动之以情、晓之以理，要用发展的眼光看待他们，信任他们，激发他们的进步、创新、求学的热情。努力建设一支自身心理健康、掌握专业知识、掌握心理辅导技能和心理训练方法的、高素质的心理健康教育队伍。

利用学校教育课堂主渠道的教育优势，一方面通过教书育人，帮助学生树立正确的人生观、价值观。另一方面，开设专门的心理教育课，介绍一些预防和缓解心理压力的好方法，教会学生自我调节情绪（如情感宣泄法、情感转移法、自我安慰法、心理补偿法等），同时通过各种发生在学生身边的案例，设置教育情境，让学生自己教或互教，使教育在潜移默化中形成。

积极开展有效的心理咨询。学校内设置心理咨询室，由专门的心理咨询教师为学生提供服务。心理咨询取得良好效果的关键是咨询老师要理解信任学生，遵循保密、疏导、交友性原则，如此才能达到心理转化的效果，心理咨询教师要有意识地和存在心理问题的同学建立起关心、尊重、了解和指导的关系，并依据问题的需要使用适当的心理治疗方法，减轻或消除学生的不适应的心理现象，做到"防患于未然，治病于萌芽"。开展有效的心理咨询和治疗对预防和矫治中学生的心理疾病有着积极的作用。

改变评价方式。学生的自卑心理大多来自教师对学生的主观评价。一些教师凭主观感情，偏爱成绩好的尖子生，对中等生漠不关心，对后进生全盘否定，出言不逊，这无疑给

学生带来极大的心理压力及负面影响，可能使许多学生产生自卑心理，甚至对学生的自尊心、自信心都会产生不良影响，严重影响学生的身心健康。被誉为"德国普通教育之父""德国教师的教师"的19世纪德国资产阶级民主主义教育家第斯多惠曾说过："严厉的面孔和训斥、咒骂学生是一种恶劣的行径。"我们应学习借鉴英国教育的优点，英国教师对学生评价时从不吝啬自己的溢美之词，对学生的赞扬体现在具体细微中，一点点的进步，都会被他们非常郑重地夸奖一番。我们对待每个学生都应一视同仁，绝对不能挖苦、讽刺学生，应以一颗宽容慈爱之心爱护关心学生。我们很多教师缺乏这种意识，对学生太求全责备，我们应学会赞美，让学生不断地从中得到鼓励。

（三）重视校园文化建设，促进学生良好心理品质的形成

校园文化是社会文化在校园活动中的反映和表现，同时，对促进青少年学生的生理和心理健康发展具有良好的调节作用。健康的校园文化活动可以在心理鸿沟之上架起桥梁，有利于学生之间的相互理解和共同进步。如进行学习经验的交流，可以促进校风、学风的建设；举办辩论赛、演讲赛，可以促进认知能力和分析能力的提高；开展文体活动，则能增强学生的集体主义观念等。在这类校园文化活动中，不仅可以增强学生的体质，改善和提高中枢神经系统的功能，神经活动的平衡性、灵活性，提高大脑皮层的分析和综合能力，而且还能发展学生的观察力、记忆力、思维力、想象力、创造力，促进学生良好心理素质的形成和发展。

（四）开展形式多样的学生心理健康教育实践活动

实践活动是青少年心理发展的基本因素。心理教育的根本宗旨是促进学生心理的良好发展，要实现这一宗旨，就必须充分唤起他们的主体活动意识，让他们积极主动地参与各种各样的实践活动；学生心理要得到健康发展，必须通过实践活动，而活动又应是符合学生年龄特点和为学生所喜爱的，所以实践活动既可视为学生心理健康教育的基本要素，又可视为学生心理健康教育的基本策略。实践活动缩短了心理教育与学生之间的距离，在教师的指导下以学生为主体，通过学生自主的活动达到教育的目的，如：组织学生开展讨论、表演、游戏、制作、实验、劳动等活动，寓教育教学于活动中，使学生在不知不觉中受到教育。实践活动能充分满足学生的自我表现欲，增强学生的自信心，让他们在实践中尽情地表现自我，享受成功的喜悦。同时，活动教学可增强学生的责任感，积极承担为家庭、为社会做贡献的责任。

（五）提高家长素质和家庭教育的科学性

开展心理健康教育，仅仅依靠学校是不够的，学生的心理问题，学校只能在极有限的时间和空间进行矫正和引导，社会环境和家庭影响也尤为重要。可以说，大部分青少年的心理障碍都与其父母有直接或间接的关系。取得家长的合作，帮助家长发挥他的教育功能，对于改善和预防孩子的心理障碍，帮助孩子成才极为重要。良好的心理素质需要良好的家庭教育培养，学校要与家庭紧密配合，教师与学生家长要加强沟通，时刻关注学生存在的

心理问题，对家长给予适当的指导，对学生给予及时的疏导。如学生应试心理差，教师可引导家长要以平常心态看待考试，家长的唠叨、在意、期望高，都会给孩子造成太大的压力。再如青春期的性教育、人际交往技巧和意志力的培养等都需要发挥家庭教育功能。有些中学生有社交恐惧心理，少与人交往，害怕不被人接纳，或嫉妒别人，或看不惯别人，或男女交往的困惑等，家长应鼓励孩子多交友，在择友上加以指导，培养社交技巧，过多指责、约束孩子反而会使自己的孩子在社交中缺乏自信。父母在孩子成长过程中，应正确引导孩子，加强交流，培养孩子健康的心理。

家庭教育作为大教育系统的组成部分，是影响学生心理健康的重要因素。在家庭教育中，我们必须十分注意，家庭环境和家长的言行，对青少年的心灵具有直接影响作用。目前，一部分家长文化水平不高、涵养不深、语言粗俗，生活中不健康的恶习严重污染着孩子们的心灵。一部分独生子女的家长溺爱孩子，对孩子百依百顺，一味迁就，养成"特殊"心理，用过高的物质条件满足孩子的无理要求，使孩子从小养成大手大脚乱花钱的坏习惯，使部分孩子意志薄弱，目光短浅，没有谦让意识和进取精神，严重阻碍了青少年心理的健康发展。由家庭造成孩子出现心理问题的主要表现在：家庭环境不良对孩子人格发展造成不利；亲子关系紧张造成学生基本心理需要无法满足；家长错误示范对孩子思想品德素质的影响及父母自身心理健康状况对孩子的消极影响等。因此，学校心理教育要与家庭教育相结合，把家庭教育作为学校心理教育的一个重要组成部分或必要的补充，共同探讨对学生成长和发展最为有利的最佳交互点，密切学校与家庭的联系，防止学生出现两面心理、双重人格。要提高家庭教育的科学性，关键是要提高家长素质。

学校要加强对家长的指导和帮助。对家长的指导应把重点放在教育观念与教育态度的转变和方式方法的指导上。可以采取以下措施：（1）定期为家长开设专题讲座，让家长懂得青少年的心理发展规律、年龄特点，充分了解培养孩子心理适应能力的意义、目标与途径、方法等，使其主动配合；启发和指导家长优化家庭教育环境，树立良好的家长形象，用自己的言传身教，示范榜样教育孩子，促进青少年沿着健康的道路向前发展。（2）教师与家长及时沟通，互通信息，及时就学生的有关情况在家校间传递；对存在某些发展性问题的学生要重点家访，齐抓共管。一方面耐心引导学生分清是非，全面分析问题，克服片面性；另一方面要引导学生进行反思，用实际行动来完善自我，主动改善同学之间、师生之间和家庭之间的关系，从而创造一种热情和谐的友好气氛，逐步消除彼此间的隔阂。（3）通过联谊活动创造至爱的环境。利用教育活动课或假期组织家长、学生共同参与的联谊活动，协调家庭教育中的问题。要改变教育方式，形成一种亲切、同情、互相信赖的朋友间的心理氛围。教师、家长首先要理解学生，不要过分苛求学生，要相信他们，多采用信任的态度，对他们的合理要求给予适当满足，使他们感到老师和家长是爱护他、尊重他、帮助他，逐步消除对立情绪。家长与孩子要形成朋友关系，能够坐下来平等交谈，给孩子创造一个宁静、和平、幸福、安定、温暖的家庭环境，才能为学生心理健康提供保证。

（六）营造有利于青少年学生健康成长的良好社会环境

社会要为青少年学生提供有利于心理健康的良好社会环境。全社会都应关心青少年学生的心理健康，政府应下决心综合治理社会环境，并常抓不懈。要树正气、治歪风，尽量减少社会环境中的不良因素对青少年学生心理素质培养的消极影响。

心理健康教育是一个复杂、长期的系统工程，也是一个富有挑战性而又不能回避的课题。在新时期下，应构建一个学校、家庭、社会相结合的心理教育网络，才能让青少年健康成长。

学校应设立心理咨询室和心理辅导室，定期上心理辅导课。通过心理咨询，及时了解学生心理动态，及时取得与家长联系，互相配合；及时调整教育方式和选择教育途径。同时可请一些心理专家来校做心理辅导，心理辅导内容可以包括学习辅导、人格辅导、生活辅导和职业辅导等，以增强学生的心理承受能力。

家长应主动地与学校联系。将子女在家的情况和掌握的心理动态及时反馈给老师，争取学校与家庭互相配合，选择适当的教育方法，帮助学生度过心理难关，让学生健康成长。

全社会都应重视学生的异常心理，应形成合力、形成共识。纠正学生心理是一项系统工程，需要全社会都来关心、支持。对学生心理和纠正应加大理论研究力度，借鉴先进经验，加速我国家庭、学校心理辅导、纠正成熟化的过程，让心理辅导走进家庭、走进学校、走进社会之中，正确理解认识心理健康教育，树立正确的教育观念，让社会、学校、家庭心理健康教育紧密结合起来，把跨世纪的青少年一代培养成为适应现代化建设要求的高素质的生力军。

第三章　新时期大学生心理健康理念

第一节　大学生心理健康教育应坚持正确理念

大学生心理健康教育必须与人生信念教育、心理资本培育、活动体验教育、生命主体价值追求教育等相结合，最大限度提升大学生的人生价值，激发心理潜能，促进大学生成为人格完善、全面发展的人。

2001年3月，教育部下发《关于加强普通高等学校大学生心理健康教育工作的意见》；2002年4月，教育部办公厅印发了《普通高等学校大学生心理健康教育工作实施纲要（试行）》的通知；2003年12月，教育部办公厅下发《关于进一步加强大学生管理工作和心理健康教育工作的通知》；2005年1月，教育部、卫生部、共青团中央联合下发《关于进一步加强和改进大学生心理健康教育的意见》；2011年2月和5月，教育部办公厅分别印发《普通高等学校学生心理健康教育工作基本建设标准（试行）》《普通高等学校学生心理健康教育课程教学基本要求》。2011年后全国各类高校逐步增设大学生心理健康教育课程，大学生心理健康教育进入高校的课堂教学系统。对大学生心理健康教育教学的研究和实践，积极推进了我国高校的大学生心理健康教育工作。但是大学生心理健康教育课程开设5年多来，几乎所有涉及大学生心理健康教育的教学研究主要局限于课程设置、教学内容、教学方法、教学目标、考核评价、师资建设等方面，甚至将大学生心理健康教育局限于"教学课程化"，把心理健康教育置于"心理学知识化"境地，降低了大学生心理健康教育的效果。确立科学的大学生心理健康教育理念，是大学生心理健康教育工作的核心。唯有在科学正确的教育理念指导下，才能使心理健康教育沿着正确的方向发展。

一、心理健康教育与大学生人生信念教育相结合

人生信念是个体身心健康的保障，更是人生发展的动力和基础。心理健康教育要培养大学生的抗挫折能力，事实上人生难免遇到各种挫折，有人能抵御，有人却抵御不了以至于心理崩溃，取决于其有没有坚定的人生信念。只要有了坚定的信念，就会任尔东南西北风，抱定一个信念不动摇，勇敢面对各种生活困境。此外还要看到大学生坚定的人生信念不仅事关心理健康，还影响生理健康。信念坚定，就会精神集中，在大脑皮层形成一个稳

定的兴奋中心，又称"兴奋灶"，对人的行为活动起到支配统领作用，凡是与这个兴奋中心相矛盾的行为活动都会受到抑制。从人脑高级神经活动规律看，这个大脑皮层兴奋中心愈兴奋就愈稳定，愈稳定就愈专注，且对其邻近区域产生的抑制作用就愈深刻持久，这时有机体的学习、工作再忙再紧张，由于高度专注于某一事物，抑制其他，就会出现"虽动犹静，虽劳不疲"的生理心理效应。人在坚定的人生信念支配下才能专心致志、勤奋学习、精神充实、正气充足，精气神聚焦，机体免疫机制增强，心不病则神不病，神不病则人自宁。相反，如果缺乏坚定的人生信念，心不定则神躁动，神不安则心气乱，心乱则百病生。因为心神过度躁动，神不内守，必然扰乱脏腑，耗气伤精，催人早衰。可以说坚定的人生信念对大学生具有生理健康和心理健康的双重意义。

二、心理健康教育与培育大学生心理资本相结合

心理资本是指在个体心理资源有效开发基础上逐步形成的，在个体成长和发展过程中表现出来的持续的积极的心理状态，它伴随着奋发进取、主观能动的理性行为取向。心理资本一旦形成在个体成长发展过程中能源源不断地产生动力，像滚雪球一样呈现不断增值扩大趋势。借用经济学术语，所有物质商品在使用中其价值边际效用是递减的，而心理资本在人生发展中的效能则是递增的。大学生在人生发展过程中每一次困难的克服，每一次挫折的战胜，每一次成功的体验都必然促进其心理资本的增值。心理健康教育的主要目标就是要优化大学生的心理品质，培育大学生抵御诱惑、战胜挫折，以积极的人生态度去获取最大限度的人生发展。坚持心理健康教育与培育心理资本相结合，关注大学生潜在特长，激发大学生心理潜能，注重正能量对大学生产生的积极情绪体验，以促进心理资源向心理资本的生成、转化，教育鼓励大学生用积极的心态面对现实生活和各种人生境遇，可以说既是心理健康教育的目标，又是心理资本生成的条件。

三、心理健康教育与活动体验教育相结合

我国各类高校普遍增设大学生心理健康教育课程，但高校在实施大学生心理健康教育教学中，普遍重视心理健康知识和理论的讲授，教学研究也局限于课程设置、教学设计、教学实践、教学评价等传统的课程教学研究范畴，未充分重视大学生心理健康教育课程的特殊性，与传统的专业课、基础课的差异性。心理健康教育以及人的心理素质优化与其他课程教学相比，一个重要区别在于后者主要属于认知范畴，是解决不知或认知不清到清晰认知的矛盾，也就是通常所说的知识教学，使学生通过课堂教学获取新的知识。而前者属于态度体验范畴，尤其是与人的行为体验相关。"活动为主，贵在体验"，是心理健康教育的重要原则，心理健康教育理论无论多么科学系统，一旦脱离"活动"这个实践环节就不能奏效。因为人有"认知"和"动力"两大心理系统，仅靠心理教育（说服）并不能产生有效的心理认同，唯有通过特定的心理教育实践活动，触及人的心理动力系统，使主体在

"活动"中产生相应的主观感受，即心理体验，并依赖这一心理体验产生相应的态度。大学生心理健康教育必须通过"活动"这个载体，使其产生良好的内心体验和感悟，并将其内化成自身人格特征，心理素质的优化发展便成为必然。尽管不少教师在有限的条件下，也积极开展了心理素质训练活动，但是将心理健康教育与活动体验相结合的重要性尚未被普遍认知，特别是与课堂教学组织相比较，心理健康教育的活动组织更加困难，承担的风险也更大（比如户外拓展训练等），而讲授式课堂教学方法既无风险又容易实施，也不会引起非议。但是，在现代信息技术高速发展的"互联网+"时代背景下，大学生群体对知识的获取已日益便捷，上网搜索很快就能从"无知"进入"有知"。可以说，传授心理健康知识，解决大学生对心理健康的认知问题，已不再是心理健康教育教学的主要任务。促进大学生心理健康教育认知与行为心理相一致才应当是心理健康教育的主要任务与目标，而实现这一目标必须坚持心理健康教育与活动体验教育相结合。

四、心理健康教育与大学生的生命主体价值追求教育相结合

大学生进入高校前，普遍受应试教育模式限制，时空活动自由度极为狭小，成天疲于应付大量试题作业训练。进入高校后，自由的时空环境为大学生理性思考人生、认识并实践对生命主体的价值追求创造了条件，但是一部分大学生对自身生命主体价值认知模糊，更谈不上为追求未来而努力，因而错失自身的学习发展良机。虽然有些大学生把精力集中于专业知识学习，由于对生命主体价值认知有限，不懂也不会去涉猎专业知识以外的知识生活内容，使社会人的完整性缺损，因而对生命主体价值体验以及对未来的追求意识十分淡漠。大学生的智能素养，以及对自身生命主体价值的认知水平影响大学生自身的未来发展，也事关社会文明进步发展。由于社会生活日益复杂，各种不确定因素日益增加，面对这种复杂多变、高度不确定性，大学生应学会正确判断、选择人生道路。生存发展，追求理想，仅有知识不够，还需要在对生命主体价值充分认知基础上，形成基本的人生智能和素养。能力靠训练实践，素养靠熏陶滋养，智慧靠感悟启迪，最终归结于靠个人对知识的整合应用、分析判断、行动实践。如果心理健康教育仅局限于一门课程、一本教材和一堆知识点的堆砌，即使再完美再系统的课堂教学也不能实现上述的教育目标。注重心理健康教育与大学生生命主体价值追求教育相结合就是帮助大学生由理解、记忆心理学知识转变为对心理学知识的整合应用，充分认识自身的生命主体价值追求，主动适应社会，并能不断更新知识，创新人生。

大学生心理健康教育作为一门课程，必然涉及师资队伍、课程设置、教育方法等一系列要素。但是大学生心理健康教育有着特殊性，涉及知识传授、心理问题解决和个体体验三大目的，人的心理素质优化仅凭心理学知识的掌握习得是不能实现的。现代大学教育一个重要的核心目的是要培养学生认识发现问题、解决问题，要求学生不仅能获取知识还要会应用知识。心理健康教育不仅要使大学生形成对心理健康知识的系统认知，同时还要让

大学生应用心理学知识，认识解决心理方面的问题，说到底就是促进大学生从心理认知到正确行为的过程。正因为如此，大学生心理健康教育并不只是一般意义上的课程教学，是一门广义的课程，各类心理健康教育活动是其主要的教育形式。心理健康教育课堂内外的所有教育教学实施都有赖于教育理念的支撑，否则，所有的心理健康教育教学目标都难以达到。大学的价值就是让学生更有智慧，大学生的心理潜能得到最大激发，获得心理满足，提升校园生活质量，培养大学生成为人格完善、全面发展的人。

第二节 大学生心理健康教育"三全育人"理念

大学生心理健康教育是高校十分重视的一个领域，受家庭结构、社会发展和时代变迁等因素影响，"95后"大学生在心理健康方面凸显一些新问题和新特点，需要教育者格外重视并加以引导。"三全育人"理念中的全员、全过程、全方位育人为大学生心理健康教育指明了新的方向，为解决大学生心理健康问题提供了新的思路。结合"95后"大学生心理健康的现状，提出在"三全育人"理念下"95后"大学生心理健康教育的新模式。

如今，"95后"和"00后"已成为大学生群体的主力军，他们在社会群体中扮演着十分重要的角色，受家庭环境、社会经济发展和信息技术革命等因素的影响，他们身上展现出一些与以往大学生不同的心理特质。

一、"95后"和"00后"大学生心理健康状态分析

处于人生探索期的"95后"大学生个性鲜明，思维活跃，但内心敏感，心理发展存在两面性，多数学生还未形成稳定的人生观、价值观、世界观，思想上易受社会多元文化冲击，出现冲动、自卑、抑郁等心理问题。研究表明，大学生群体中心理健康问题的发生率高达10%—30%，频发于学困生、贫困生、单亲家庭子女、独生子女等群体。"95后"大学生作为特殊的一类群体，其成长的时代特征与环境特点较大程度上影响到其身心发展及个性养成，因此暴露出的心理问题也比较特殊，以往的心理健康教育模式需要进一步完善。

做好大学生心理健康教育，预防和解决大学生心理健康问题、引导大学生健康积极生活，对大学生健康成长具有重要意义。当代大学生的身心发展具有独特鲜明的特点，新时代高校心理健康教育必须打破以往思维框架的束缚，寻求适合时代特征的新思路，以"三全育人"理念为指导，建立"95后"大学生心理健康教育的新模式。

二、专兼结合，师生互补，建立高效能的全员心理支持系统

大学生在成长过程中易受身边人的影响，班主任、专业课老师、辅导员、宿管老师、

同学室友和父母家人是大学生接触最多的人群，同样也是大学生心理健康支持系统中必不可少的组成成分。

做好大学生心理健康教育工作离不开专业的辅导老师。高校应建立一支以心理咨询老师、辅导员、班主任为主体的素质优良、数量充足的专业心理健康教育工作队伍。他们在学生心理问题排查、心理问题咨询、团体辅导、心理健康知识讲座和心理问题个案研究等方面能够发挥不可替代的作用。专业心理健康教育工作队伍的选聘要严把入口关，要以较高的政治素养和专业素质为标准；编排时要注意优化性别和年龄结构，做到优势互补、扬长避短；做专业辅导时要围绕学生，关爱学生，把学生当作朋友，用心倾听，走进学生的内心，解决学生的实际问题；平日里要不断学习有关教育学和心理学的理论知识，定期参加培训，相互之间进行交流，紧跟时代的发展变化，熟悉"95后"学生的心理特点，用学生们容易接受的语言去开展教育，服务学生；要建立公正严明的奖惩机制，激发教育者干事热情，促进其职业能力的发展。

随着学生心理健康问题越发多样和复杂，适当充实兼职心理咨询工作队伍是必不可少的。"95后"大学生思维活跃，情感丰富，很多时候朋辈的关心更能让他们敞开心扉。因此，要充分发挥兼职心理辅导的力量，例如，增设班级心理健康委员，宿舍心理健康大使，充分发挥"学校—院系—班级—宿舍"四级心理健康网络的监管；发挥学生党员的模范带头作用，对班级里有心理问题的学生进行帮扶，使他们走出困境；建立心理健康协会，定期举办学生比较关注的主题讲座，对有学业压力、情感困顿、生活烦恼的学生进行心理辅导和问题纾解。

三、抓住细节，贯穿始终，形成全过程的心理健康教育链条

高校心理健康教育应贯穿学生学习生涯始终，从入学到毕业，学生发展的任何时期都可以进行心理健康教育的渗透。由于每个年级的学生在心理发展和认知上都存在差异性和阶段性，在进行心理健康教育及辅导时不可"一刀切"。

大一新生的心理问题主要集中于环境适应不良、人际交往障碍、茫然感与失落感并存等，基于这种特点，心理健康教育工作队伍要深入细致地做好新生心理普查，针对出现的问题及时进行团体辅导或个别咨询，要在集体中开展"树正确三观"教育，引导学生树立远大理想，要开展爱校园、爱集体等主题讲座，促进学生尽快认可学校，融入集体。大二的学生处于基本适应期，但由于课程难度加大，很多对自己放松要求的学生出现挂科现象。此时，要采取措施督促学困生端正学习态度，勤勉学习，弥补差距，迎头赶上，以免由于课程积压造成学业和心理的双重负担。大三学生处在心理转折期，学业过半，面对未来的人生发展，部分学生情绪懈怠，心存迷茫，此时要防止学生产生自暴自弃、消极自闭的心理。也可适时开办座谈，为学生提供就业和考研指导，帮助学生初步了解未来职业，制定合理的目标。大四的学生处于生涯选择期，即将毕业的恐惧感和焦虑感往往会打破学生心理的

平衡，此时是心理危机事件高发期。对此，学校可开办毕业生素质能力拓展讲座或培训会，增强毕业生的本领与自信；开办考研达人报告会，帮助学生获取考研资讯，交流复习策略；针对不愿意就业的学生开展心理疏导工作，帮助他们端正态度、走向社会；同时可以邀请优秀校友回校交流，为毕业生提供更直接的帮助。

四、搭建平台，多元覆盖，构建全方位的多维心理健康教育网络

"95后"大学生追求个性发展，思维活跃，自主意识较强，在对其进行教育时不仅可以发挥课堂教学主渠道的作用，也可充分发掘存在于大学生成长过程各个方面中的隐性教育资源。

对学生的心理健康教育可以发挥心理健康课程主渠道的作用，继续深化心理健康教育课程的改革和优化，向学生普及心理健康知识和自我调适等方法，形成必修与选修结合，涉及各类心理健康领域的教育课程体系。

存在于校园中的隐性教育资源是大学生心理健康教育不可忽视的力量。教育工作者要鼓励学生积极参与各类校园文化活动，充分发挥"第二课堂"的作用，培养大学生的兴趣爱好，增进学生之间的友谊，营造积极向上的健康氛围；在学校各类奖助贷补评选的过程中，要对学生进行诚信教育，对困难学生要注意保护他们的隐私，进行心理关怀与励志教育；要用好网络心理健康教育新阵地，借助校园主页、微博、微信公众号，发布心理实用小知识、心理测试、调查问卷等；在社会实践、实习实训过程中要对学生进行意志品质教育，造就学生不怕困难、吃苦耐劳的优秀品质。

心理健康教育不能只停留在不出事的层面，新时期做好大学生心理健康教育，要结合"95后"大学生的特征，把握学生成长规律，遵循心理健康教育规律，在"三全育人"理念下不断探索新时代心理健康教育的新模式，提高大学生心理素质，塑造大学生人格，解决学生实际问题，营造良好的校园环境，为助力大学生成长成才奠定坚实的基础。

第三节　大学生心理健康生命教育理念

为了推进大学生教育工作的可持续发展，从学生心理健康角度出发，分析引发亚健康问题的根本原因，并从珍爱生命的角度分析学生对生命意识的认知能力。结合这些问题讨论在大学生心理健康教育工作中运用生命教育理念的重要性以及二者之间的联系性。提出在心理健康教育中运用生命教育理念的具体实践方案，要明确教学工作发展目标，完善教学管理制度，提升教师教学能力，开展丰富的教学活动，积极对教学工作内容和形式展开创新研究，确保心理健康教育工作的教学价值能够得到充分的发挥。

各地院校在实际开展大学生教育工作时，除了要关注学生的个人学习成绩之外，还要

关注学生的全面发展情况，尤其是心理健康和身体健康两个方面。目前，许多学生都没有意识到学习心理健康课程的重要作用，缺乏学习的积极性，这就使得教学工作的有效性无法得到充分的发挥，这是目前各个院校需要解决的重点问题。

一、大学生普遍存在的心理健康问题及其原因

（一）亚健康问题

亚健康指的是学生的心理状态处于健康和疾病之间，在日常生活中没有明显的表现，但是在学校内存在不合群的情况。比如，学生不善言辞，无法融入班级集体当中。同时，学生在日常学习过程中不愿意参与校园集体活动，学习状态相对较为封闭。这就是一种亚健康的状态，造成这个问题的主要原因是学生的心理压力无法得到及时的排解，或者受到过校园暴力。这还需要院校从校园管理角度，为学生营造一个良好的学习氛围。

（二）生命意识问题

目前，许多大学生自身缺乏珍爱生命的观念，在受到外界的压力之后，情绪极端不稳定，容易出现伤害自己或伤害他人的举动，从而引发悲剧。这就在一定程度上凸显了生命教育理念在大学生心理健康教育工作当中的重要作用，但是，从实际工作情况来看，许多院校在生命教育方面的宣传工作没有落实到位，导致学生对生命的认识非常有限。这些都是院校在教书育人过程中需要解决的重点问题。

二、运用生命教育理念的教学优势及教学工作之间的联系性

（一）应用优势

大学阶段是学生健全人格的关键阶段，在这个过程中，院校通常都会设置心理健康教育课程，分析学生的性格特点和心理健康程度。通过科学合理的宣传教育，引导学生纠正自己错误的思想问题，推动学生个人全面健康发展。运用生命教育理念符合时代的发展要求，教育工作倡导平等的教学观念，这就要求学生意识到生命的平等性，学会尊重生命、热爱生命，避免遇到挫折和打击之后就偏激地选择轻生，同时，还可以避免学生之间出现矛盾之后发生校园暴力事件。这就凸显出了生命教育理念的重要作用，值得在教学工作中推广应用。

（二）教学联系性

以心理健康教育和生命教育理念之间的教学关系为例展开讨论，院校设置心理健康教育课程的主要目的是保证学生的个人身心健康全面发展，关注的是学生是否具备正确的人生观、价值观。这是教学改革的基本要求，应建立在珍爱生命的基础上，由此可知，生命教育是心理健康教育顺利开展的前提，而心理健康又是促进学生个人发展进步的关键。基于此，院校在进行教学指导工作时，可以考虑将生命教育理念与大学生心理健康教育工作

融合起来，在降低教学工作难度的基础上，达到教学工作的基本目标。

三、在心理健康教育中运用生命教育理念的具体实践方案

（一）完善教学管理制度

在开展大学生心理健康教育教学工作时，院校必须建立健全校园管理机制，完善教学管理制度，为教学工作的有序运行提供基础保障。为了避免管理制度过于严苛而导致学生产生逆反心理，院校可以让学生参与到管理工作环节中，安排学生担任管理委员，并积极采纳学生的意见和建议。具体的管理模式可以设置为：心理健康教师直接与各个班级的心理委员沟通，然后，由心理委员定期根据教师布置的任务与其他学生交流，通过这种方法来了解学生在生活和学习上遇到的困难，掌握学生现阶段的心理变化情况。因为同龄人之间的沟通交流比较容易让学生放下戒备心，更容易打开话题。最后，教师可以定期进行生命教育的宣传，设置一些心理健康测试，并结合测试结果合理制订下一步的教学计划。

（二）提升教师教学能力

大学生的生活、就业压力带给他们一些负面的情绪，这时，就需要教师帮助他们走出不良情绪的困境，因此，心理健康教育工作对教师的教学能力有着较高的要求。为了保证教学质量和效率，院校除了要加大资金技术投入，健全基础教学工作设备之外，还应当定期对教师团队进行教学培训工作，分析教师的教学观念是否符合教学工作需求。同时，要注重对教师教学素质的提升，让教师充分意识到学生是教学工作的主体。要考察教师的心理健康程度，保证教师的自身涵养能够对学生产生潜移默化的积极影响。在这方面，院校可以采取面向社会引进高技术、高素质人才的方式，提高整体教学团队的工作水平。可以设立教师管理机制，通过提高教师薪资待遇的方式，提高教师工作的积极性。

（三）开展丰富的教学活动

有效吸引学生的学习兴趣，是推动教学工作顺利开展的基础前提。针对这个问题，在开展大学生心理健康教育的教学工作时，各个院校都应积极举办丰富多彩的教学活动。比如，可以利用多媒体设备定期安排学生观看教育类的短片，并要求学生写出观后感。还可以组织学生探望孤寡老人，或者开展一些体育比赛活动。同时，院校需要重点丰富学生的课余生活，利用文化教育活动对学生进行熏陶和感染。在这方面，可以定期开展一些文艺类的比赛活动，比如歌舞比赛、绘画比赛、辩论赛等。让学生在活动当中充分感受到集体的力量，提高学生与人交往的能力，这是解决大学生心理亚健康问题的重要方法。

院校在研究优化大学生心理健康教育工作时，应当规范校园管理机制，安排学生担任心理管理委员，让学生之间相互沟通交流。应定期开展宣传教育工作，可以设置一些丰富多彩的实践活动，鼓励学生参与到活动当中，通过这种方法让学生走出封闭狭隘的"小圈子"，能够真正融入班集体乃至学校的"大圈子"中来。这还要求院校积极对教师展开教

学能力培训，保证教师的教学素质满足新时代的学生个人发展进步需求，推动教学工作的有序进行。

第四节　大学生心理健康教育立德树人理念

"立德树人"是党的十八大提出的社会主义教育事业的根本任务。在当代，立德树人为高等教育事业的发展提出了一些新的要求。社会情境以及文化背景的差异让中西方对待教育的理解存在较大差异。其中，在德育教育以及心理健康方面的教育体现非常明显。然而在对问题加以解决的根本路径这一方面，中西方全都把教育方面基本规律以及心理共性当作基础点进行研究。

大学生的综合素质成了新时期教育所关注的重点。一名合格的大学生，不仅要有过硬的文化涵养，还要有较好的道德修养。"立德树人"的教育理论也正是在这样的时代背景之下应运而生。当前，要不断关注大学生的心理健康状况，使之真正成为对国家和社会有用的人才，这方面的研究迫在眉睫、意义深远。

一、"立德树人"教育理念的概念和功能

（一）"立德树人"教育理念的概念

2016年12月8日，习近平总书记在全国高校思想政治工作会议上明确指出，"高校立身之本在于立德树人""要坚持把立德树人作为中心环节，把思想政治工作贯穿教育教学全过程，实现全程育人、全方位育人，努力开创我国高等教育事业发展新局面"。2017年2月27日，中共中央、国务院印发了《关于加强和改进新形势下高校思想政治工作的意见》强调指出，高校要"坚持社会主义办学方向，扎根中国大地办大学，以立德树人为根本，以理想信念教育为核心，以社会主义核心价值观为引领"。

通过以上梳理可以看出，"立德树人"理念始于"人德共生"的传统文化价值观，在历史的发展过程中，融合了各个时期的时代精神，集中体现了中国教育与社会发展、政权巩固、个人成长之间的有机联结和不断发展。该文以为，"立德树人"要突出以德行立人、德行育人，立德是树人的基础条件，树人是立德的根本目的。"立德树人"既要明确道德品质之于人的重要性，同时还要强调人在成长成才过程中，德智体美的重要性。应该看到，"立德树人"是为"两个一百年"奋斗目标和中华民族伟大复兴奠定人才基础的神圣使命，也是帮助受教育者树立正确的世界观、人生观和价值观的重要途径。

（二）"立德树人"教育理念的功能

发达国家的学校心理健康教育功能相对丰富，大体主要表现为四种类型：一是预防的功能，即预防学生学习、人际、情感和职业规划等方面可能出现的问题，以更好地帮助学

生解决心理问题和人格障碍；二是诊断评价功能，通过心理普查等方式采集学生心理症状的数据和他人意见等信息，从中筛选有心理问题学生，并提出相应对策；三是干预功能，指根据数据采集和分析结果，开展心理学、教育学干预的功能；最后是指导功能，即对学生的学习素养、人际能力和职业生涯等提供指导。在上述功能中，与我国学校心理健康教育功能的实际情况有一致之处。国外学校心理健康教育相对趋同的价值取向集中于发展性与积极性，而我国学校主要是从病态模式转向发展性模式，初步具有了积极性的意识，与真正积极性的特质还有一定的距离。

二、"立德树人"理念下大学生心理健康教育的功能需求

（一）树立正确道德观的功能需求

"健康稳定的心理状态，是形成良好政治、道德品质的基础"。立德树人理念对大学生思想政治教育的要求是以"立德"为前提，将德育作为大学生人才培养的首要问题来处理。"树人"是一个教化的过程，哲学要内在因素与外在因素共同作用才能取得效果，此过程是以大学生群体内在道德观的养成为主的。因此，大学生心理健康教育首要的就是从应用心理学角度完成对大学生正确道德观的养成。

（二）形成健全人格体系的功能需求

"人格"指人的性格、气质、能力等心理特征和面貌。高尔顿·W.奥尔波特（Gordon Willard Allport，1897—1967）认为"人格是个体内部那些决定个人对其环境独特顺应方式的身心系统的动力结构"，是个人适应环境的独特的身心系统。培养大学生健康完善的人格是心理健康教育和德育共同的目标，是人在社会化过程中形成的既具有个性特点而又稳定、自我意识和自我控制能力的心理品质。立德树人理念对于大学生心理健康教育重要功能需求就是以发展大学生心理素质，对大学生政治人格、道德人格及法律人格产生培养和提升的作用，培养健康和适应现代社会需要的人格，这也是心理健康教育德育功能的核心体现。

（三）践行社会主义核心价值理念的功能需求

社会主义核心价值观是全国各族人民价值观的"最大公约数"，社会核心价值的培育与践行本身就是一个道德伦理问题，因此立德树人理念下的大学生心理健康教育必须有服务于大学生社会主义核心价值观养成的功能需求，坚持与时俱进，从全面建成小康社会，顺利跨越"中等收入陷阱"，实现习近平总书记提出的国家富强、民族复兴、人民幸福、社会和谐的"中国梦"的高度出发，将心理健康教育与当代社会主义核心价值观有机统一，使大学生具备大学生心理健康教育也要在国家情感、社会责任和个人道德三个维度提出功能上的满足。

"立德树人"理论的提出，意义重大，但实现这样的目标，任重而道远。全社会，尤

其是各个高等院校，要切实承担起这样的历史使命和社会责任，为国家和社会培养出更多优秀的可用之才。

第五节　大学生心理健康教育"参与型"理念

随着我国教育的不断改革，大学生心理健康教育不断发展。"参与型"的教育理念可以整合心理教育资源，将社会分工理论和大学心理健康教育相结合，促进大学心理健康教育良好发展。本节将探讨师生教育活动的新模式，对大学生心理健康教育进行探究。

目前，大学生心理健康受到社会的关注，许多高校对大学生心理健康教育进行探索。但是由于缺乏系统的研究，高校心理健康管理模式缺乏系统性。大学生心理健康教育是素质教育的主要内容，学校应结合实际情况设置心理健康教育课程，及时解决学生的心理健康问题，促进学生良好的发展。

随着我国教育的不断改革，心理健康教育被广泛关注，在学生发展的不同阶段，开设不同的心理健康教育课程。高校在校园内设置心理健康教育室，定期开展心理健康讲座，时刻关注学生心理健康问题。但是，大部分高校心理健康教育管理存在一定的问题，没有形成系统全面的管理模式。高校的心理课程以选修课程为主，心理教育的普及度不高，教育覆盖的面积小。高校心理健康的教学模式单一，以理论教育为主，缺少心理健康实践活动。高校心理健康教育课程学分设置不合理，学分较低，不能引起大学生的重视。

一、"参与型"理念对大学生心理健康教育的优势

在大学生心理健康教育中融入"参与型"的教学理念，保障学生学习的自由。在"参与型"理念的大学心理健康教育中，学生占据主体位置，学生可以根据自己的喜好选择学习模式。"参与型"的心理健康教育模式，可以吸引学生的注意力，调动学生学习的积极性，学生积极参加教师的教学活动，更好地吸收心理健康知识。学生是心理健康教育主要参与者，学生与教师进行互动沟通，根据学生的心理健康的状态，教师及时调整教学方案，改变心理健康教育的教学手段，有效解决学生的心理问题。

二、"参与型"理念大学生心理健康教育研究的措施

（一）改进高校的教学目的

高校深化"参与型"心理健康的教学理念，需要不断改进高校的教学目的，保障大学生心理健康的发展。高校需要设置丰富多彩的心理教育活动，提高学生学习的兴趣，调动学生参与的积极性。大学心理健康教育课程，包括理论基础知识、行为训练以及心理体验。高校要重视心理健康课程的每一个环节，深化教学的目的，不断关注大学生心理健康的发

展。高校心理健康教育需要根据学生心理发展规律，设计教学内容，帮助学生树立正确的思想观念。通过心理实践活动，让学生正确地认识自己的心理健康情况，明确自我认识，及时解决学生的心理问题。同时，"参与型"心理健康教育理念融入大学生心理健康教育中，帮助学生掌握科学的心理健康知识，促进学生全面发展。

（二）提倡以学生为中心的教学方式

"参与型"心理健康教育，需要不断改进学校的教学方式，提倡以学生为中心的教学方式。"参与型"心理健康教学模式，是对传统的教学模式的改革，教师以学生为中心，强调学生在课堂中的主体位置。高校教师可以根据学生的心理健康状态，创设心理教育情境，鼓励学生积极参与教学活动，在心理环境中，学会自我反思，解决学生心理健康问题。学生通过课堂体验，进行自我心理解读和自我剖析，树立正确的人生观和价值观。创设一定的心理教育环境，可以帮助学生积极进行自我探索，提高学生思维的能力。

（三）改善教学内容

高校深化"参与型"的教学理念，可以针对学生的实际情况，合理有效地改善教学内容，改变心理健康课程设置。学生在不同阶段会产生不同的心理问题，高校要根据学生的心态变化，开设针对性的教学内容，满足学生不同阶段心理教育的需求。高校在教育内容的设计上，要以学生为出发点，结合学生的实际情况，设置相关的教学内容，注意实践活动与理论相结合，提高学生的心理素质。高校需要设置课程考核，教师通过考核机制，及时掌控学生的心理状态。开展丰富有趣的教学活动，将心理健康理论教学内容融入心理实践活动中，让学生在实践活动中学习心理健康知识。

大学生心理健康教育是学生素质教育的重要组成部分，"参与型"的教学理念融入大学生心理健康教育中，以学生为心理教育的中心，根据学生的实际情况设置心理课程。"参与型"心理健康教育可以提高学生参与实践活动的热情，培养学生学习心理健康知识的兴趣。高校改进教学的目的，提倡以学生为中心的教学方式，结合学生实际情况，改进心理健康教学内容。开展丰富有趣的实践活动，深化"参与型"心理健康教育理念，帮助学生树立正确的人生观，促进学生全面发展。

第六节　大学生心理健康教育社会工作理念

大学生正处于人生的重要阶段，此时他们的心理活动明显增多，相较于以往心理更加脆弱和敏感，因此心理健康对于这个阶段的学生非常重要，传统心理的健康教育过于死板和单调，我们要将社会工作理念与之融合，注重心灵的沟通和感情的交流。融合模式的教育方式取决于师生双方的活动成果，老师以包容的心态进行沟通。本节根据当前大学生的成长特点和心理特征进行分析，探求心理健康教育与社会工作理念的融合模式。

心理健康教育对于大学生有着启蒙、引领的良好效果，同时兼具互动性和沟通性，对于学生内心变化和内心体验有着科学性的探索方案，强调学生自我分析和自主成长，对学生的身体成长和心理成长有着重要的意义。社会工作理念就是在心理健康教育的过程中注重学生正面的、阳光的教育指导，结合当前学生的心理特点进行深入分析，在心理健康教育中体现"参与、分享、理解、帮助"等教育特点。

一、基于社会工作理念的心理健康教育要点

（一）老师要充分了解学生

作为老师在上心理健康教育之前要对班级内学生有一个深入了解，每一个学生都有着不同的生长环境、家庭背景、思维个性、心理特点等等，这个年龄段的学生在心理层面很容易产生叛逆心理、矛盾心理，而且对于外界事物还有一定的期待，所以老师要对学生有充分的了解，要知道学生现阶段的一些心理困惑以及心理需求。另外还要与学生在课下有深入的交流，了解学生对于心理活动教育有什么样的期待，更加喜欢什么样的主题，对于以往的活动有什么建议，老师也可以利用小纸条、问卷调查、访谈聊天等方式进行深入了解。

（二）要与学生建立良好的关系

心理健康教育需要老师与同学之间建立良好的关系，这也是社会工作理念的重要基础，我们从心理教育的本身进行分析，经常需要老师与学生之间进行问题性讨论，双方在沟通中完成的心理活动，因此双方也必须本着互相尊重的原则，只有相互理解，并站在对方的角度思考问题才能更好地面对和解决问题。因此我们倡导和建议老师首先要在轻松热烈的环境下进行真诚的沟通，坦率的交流，对于学生提出的问题要尽量进行回答，引导学生相互分享。

（三）加强心理健康教育的规范性

社会工作理念是一种集体行为活动，因此就必须有相应的团体性规范进行约束，要将整个集体作为"社会"看待，因此"社会"中的每一个成员既有他们的自由，也有他们的规则，只有在有效的规则范围内进行自由活动，才能保证"社会"的正常运行，也就是我们常说的"无规矩不成方圆"。社会工作理念与心理健康教育相融合，就是一个老师对于团体进行辅导的过程，所以这个规则的制定必须在大家的认同下达成一致。

二、基于社会工作理念开展大学生心理健康教育的策略

（一）组成建立心理健康教育小组

大学生心理健康教育大部分都是以班级为单位的，但是对于这种特殊教育人数还是较多，老师无法注意到每个学生的想法和问题，因此建议班级中采用小组将其划分成为更小的人数单元，最好将人数控制在 4 至 6 人之间，尽量要组成双数。在小组成员方面不能总

是固定的人，而是要采取随机分组的方式，以这样的方法促进学生在不同成员之间更多地交流和沟通，小组成员在每次更换伙伴的过程中需要不断地进行自我与外界的信息传递。

（二）确定大学生心理健康教育目标

大学生的心理健康教育主要还是针对当前学生的成长中所遇到的问题而开展，老师在设计教育主题的时候也要围绕着学生的自身问题确立目标。首先要了解当前学生的实际需求，主题内容不能脱离学生的生活，最好以学生的兴趣为切入点，根据这些制定可操作性强的教育目标。这样的教育目标可以引得学生思考，对于融合后的内容，学生在课下也能有所思考、有所感悟，这样也是我们心理教育的实际价值。另外我们需要注意的是教育目标不能过多，要依照每节课程的实际效果进行调整，课程与课程之间要有一个衔接和关联，采取逐层推进的方式更有利于学生成长，从而达到教育目标。

（三）选择合适的心理健康教育主题

大学生心理健康教育要依据学生的年龄特点进行，现代的学生由于科技的发展和网络的兴起，他们已经不同于以前的学生，他们可能了解的事情更多，懂得的道理也更多，因此我们不必再拘泥于传统的教学方式，老师需要在与学生的接触过程中进行探索，根据实际情况创新教育方式，根据学生的反馈调整教学内容，但是教学内容的选择要有足够的吸引力且紧扣主题，同时要注意不要公开披露学生的隐私。内容的选择要契合他们的关注点和好奇心，例如异性之间的相处模式、如何尊重不同性别的同学、同学之间的关系怎么处理、自我与家长之间的定位问题等，这些都是学生暂时比较迷茫的问题，需要我们注意进行分析和化解。

大学生正处于一个年龄交界点，心理健康教育要以学生为基础，并要积极分析学生的实际心理诉求，注重学生的成长梯度，尊重每一个独立的学生个体，将社会工作理念与其深度融合，对于学生的教育方向具有一定的针对性，始终坚持"促进成长、关爱发展"的心理教育主题，以实现提高学生的心理健康的终极目标。

第四章　新时期大学生心理健康问题研究

第一节　我国大学生心理健康教育问题

心理健康是当今社会人才需求的基础，以培养高素质人才为首要任务的高校更要重视并切实做好大学生的心理健康教育工作。本节通过分析 20 世纪 80 年代、90 年代和 21 世纪三个时期我国大学生心理健康问题以及高校对其进行教育的方法和手段，说明了大学生心理健康教育的重要性。我国的大学生肩负着为社会主义现代化建设事业奋斗的历史使命，重视其心理健康教育、提高其心理素质是社会进步和时代发展的迫切要求，是提高大学生综合素质的重要内容。新时期高校大学生心理健康问题及其教育问题成为重要课题，我们要不断加强对问题的研究，保证大学生全面健康发展。

经济社会发展日益加快，大学生承担的心理压力也越来越大，因此大学生心理健康教育的作用就凸现出来，逐渐受到社会各界的重视。我国大学生心理健康教育起步于 20 世纪 80 年代中期，起步较晚、发展较慢，还不能够很好地调节大学生的心理健康。对我国大学生心理健康问题进行历史分析，并反思在此过程中出现的问题，有利于更好地解决大学生心理健康问题，促进大学生全面健康发展。

一、大学生心理健康教育相关概念

为了做好大学生的心理健康教育工作，促进其全面健康发展，首先要明确大学生心理健康教育的相关概念。

（一）心理健康

心理健康是健康概念的重要组成部分，是相对于生理健康而言的，一般既指心理健康的状态，也指维持心理健康，预防心理障碍或行为问题。

世界卫生组织对心理健康的定义是："心理健康不仅指没有心理疾病或变态，不仅指个体社会适应良好，还指人格的完善和心理潜能的充分发挥，亦指在一定的客观条件下将个人心境发挥到最佳状态。"

1946 年，第三届国际心理卫生大会对心理健康是这样定义的："所谓心理健康，是指在身体、智能以及情感上，在与他人的心理健康不相矛盾的范围内，将个人心境发展成最佳的状态。"

"从广义上讲，心理健康是一种持续高效而满意的心理状态；从狭义上讲，心理健康是知、情、意、行的统一，是人格完善协调，社会适应良好。"

（二）大学生心理健康教育

大学生心理健康，主要是指在当前的经济社会约束条件下，大学生心理与行为是否统一，对自己的心境、学习、社会环境、人际关系等是否满意，有无追求美好生活的愿望及较为可行的实现路径。

大学生心理健康教育则是指高校向学生提供的所有旨在解决学生心理问题、提高学生心理健康水平的教育活动，是大学生素质教育的重要组成部分，是落实素质教育工程、培养高素质人才的重要环节。

二、20 世纪 80 年代高校的心理健康教育

20 世纪 80 年代，学校心理健康教育首先以心理咨询的形式在我国高校兴起，心理咨询成为思想政治教育的活动之一，咨询对象主要是存在各种心理问题的部分大学生。

（一）20 世纪 80 年代大学生常见心理问题

20 世纪 80 年代，中国社会发生了巨大的变化。改革开放以来，经济快速发展，人们的生活方式和价值观念也发生了很大的变化。社会的变化使大学生情绪不稳定的现象加剧，加之不适应环境等因素而产生了各种心理问题。

一是学业课程压力过大引起的焦虑。进入大学校园以后，学习的课程增多了，内容也变得更难，与中学的学习方式和学习内容有了很大的不同，学习压力和同学间的竞争也愈演愈烈。在这样的焦虑情绪下，大部分学生会有睡眠不足的情况，甚至出现神经衰退的症状。长此以往，会减少学生的学习兴趣，使成绩降低。

二是环境的转变引发的紧张不适。随着大一开学，一些大学生会产生初入新环境的不适感，此前与父母一起生活，在生活学习中可以得到很好的照顾，而现在则在宿舍和别的同学一起过集体生活，除了互相生活习惯的影响外，自身的生活能力不够都会让他们紧张不适，极易引发各种心理问题。考入外地的大学生则更容易出现这类情况，除了生活习惯和自身问题之外，地域环境的改变、饮食习惯的不同都会让他们产生不适感。

三是人际关系的不适引出的心理问题。与中学不同，在大学里，与老师之间、同学之间以及异性之间的关系变得更加复杂，一些大学生在与别的同学进行人际交往的过程中，由于缺少正确的方式或技巧，在处理问题的时候做不到皆大欢喜，往往会产生不好的结果，从而对人际交往产生焦虑与恐惧。

四是理想与现实间的矛盾产生抑郁心理。一般来说，大学生都有着崇高的理想，他们非常关心国家和社会的发展及问题，然而理想中的国泰民安和现实中各种杂乱的社会问题的对比会使一部分大学生感到不满，出现消沉的心情，直接影响到他们对于学习的积极性，

甚至会产生抑郁等各种心理问题。

五是性和恋爱产生的心理问题。大学生正处在青春期，在这个阶段往往会对异性产生好奇与关心，因而出现了各种恋爱问题，由此引发了单相思、失恋等各种烦恼与不安心理。1985 年在上海召开的全国性教育研讨会上，重庆地区的大学生调查表明，因为性而产生烦恼的学生占 53%。

（二）高校进行思想教育的方法和手段

20 世纪 80 年代，高校对大学生心理健康问题进行思想教育的方法和手段主要是心理咨询，其形式以个别面谈为主，一部分学校也开展了电话咨询、集体咨询、通讯咨询等形式，通过适当的方法，把引导的工作做在前边，提倡关心和热爱学生。

钟友彬依据心理动力学疗法的原理与中国实情及人们的生活习惯相结合，在 1988 年开发了认识领悟疗法，即通过解释使求治者改变认识，得到领悟而使症状得以减轻或消失，从而达到治病目的。这种疗法就是要找出一个人不现实的、不合理的或非理性的、不合逻辑的思维特点，并帮助他建立较为现实的认知问题的思维方法，来消除各种心理障碍。

80 年代我国高校心理咨询活动虽处于发展初期，但已经具有了一定的规模和影响，并取得了一定的成果。

三、20 世纪 90 年代高校的心理健康教育

一是建立以学生发展为核心的心理咨询观念。20 世纪 80 年代中期，由问题为中心的咨询治疗忽视了很多学生寻求发展的心理需求和精神需要，因此要建立以学生发展为核心的心理咨询。

（一）20 世纪 90 年代大学生常见心理问题

一是大学生活适应问题。首先是生活能力弱，大学生处理日常事务的能力稍显不足，当他们面对新的生活环境、新的思维模式时，心理压力会增大，加上心理承受能力不足，就容易产生各方面的不适，甚至产生不良后果。其次是对挫折的心理承受能力弱，在学习、生活各个方面遇到挫折时只是备感无力、一味逃避，不能主动面对。

二是自我评价障碍。大学生要客观地认识自己、评价自己才能正确地看待自我，摆脱困扰。一些大学生对自己评价过高，认识问题片面而固执，对他人、对社会的要求完全高过对自身的要求，期望越高往往失望越大，长此以往会让他们对自己产生怀疑、感到悲观，变得不自信。还有一些大学生对自己评价过低，自卑感相当强，觉得自己各个方面如成绩、长相等都不如别人，在遇到挫折时也更容易怀疑自身价值，对自己失去信心，思想变得消极，从而导致怀疑自己的能力，甚至对一切都不感兴趣。

三是个性心理问题。首先，大学生正处在青春期，情绪不稳定，波动较大，心理发展还不够成熟。其次，大学生的心理较脆弱，离开校园迈向独立生活的道路上，会因为遇到困难和挫折就灰心丧气，消极低沉，甚至出现心理疾病。

四是人际关系不适。进入大学后，人际关系逐渐社会化、复杂化，加之远离原来熟悉的生活与学习环境，使一些学生感到不适应。在"目前，你感到最苦恼的事"中有80%的学生的回答涉及人际关系。每个学生的性格、说话方式、生活习惯等是不同的，因而在人际交往过程中难免会产生误会与分歧，引发学生的焦虑心理及学生之间的猜忌等问题，不利于他们的健康成长。

（二）高校心理健康教育的方法

一是开设心理健康指导课程，提高学生的理论素养。在对大学生进行专业课程教育的同时，要重视对他们心理健康的教育，普及心理健康方面的知识，正确认识自己、优化自身心理、增强人际关系。在入学之初开设心理健康指导课程，也可以让大学生更好更快地适应并投入到新的学习生活环境中来。

二是定期对大学生心理健康问题开展普查，及早了解学生的心理问题并加以预防。一方面，对刚入学的新生进行心理健康普查，对其心理健康状况进行全面掌握，出现问题也可以及时制定措施来解决。另一方面，对在校生的心理健康进行定期检查，有计划、有针对性地进行心理治疗。

三是树立教师的心理健康意识。学校应重视树立教师的心理健康意识并增强教师的心理健康意识，让教师们在平时的教学课堂中融入相关内容使他们了解学生的心理特点，并自觉将心理学知识和方法运用于教学中。增强全体教师的心理健康意识，是完成心理素质教育系统工程的必要途径。

四是加强宣传教育，引导学生自我完善。学校应通过各种方式进行传播、教育，引导大学生优化自身心理，帮助他们树立正确的人生观和价值观，并拥有乐观向上的生活态度，同时也要参加各种社会实践活动，及早适应复杂多变的外部环境，锻炼自己，提高适应能力，为今后真正走向社会做好基础工作和心理准备。

四、21世纪高校的心理健康教育

21世纪以来，我国绝大多数高校开设了心理健康教育专业及相关研究，并设置了心理咨询中心、心理健康辅导中心或心理健康教育中心等专职服务机构，我国高校心理健康教育工作步入了全面、深入、多元的发展阶段。

到了20世纪90年代，我国大、中、小学生的心理健康问题日渐增多，心理健康教育逐渐受到了全社会的关注，心理咨询工作得到快速发展，成为思想政治教育的重要内容。1994年8月31日中共中央颁布的《关于进一步加强和改进学校德育工作的若干意见》更是第一次明确提出了"心理健康教育"一词，把"指导学生在观念、知识、能力、心理素质方面尽快适应新的要求"作为新形势下的"学校德育工作需要研究和解决的新课题"，"要积极开展青春期卫生教育，通过多种方式对不同年龄层次的学生进行心理健康教育和指导，帮助学生提高心理素质，健全人格，增强承受挫折、适应环境的能力"。在国家及相关部门的支持下，我国高校心理健康教育得以迅速普及和发展。

2004年，中国疾病控制中心和精神卫生中心公布的统计数据表明，有16%-25%的大学生患有心理障碍。2011年，由大学生杂志社、中国大学生网公布的《2010-2011年度大学生心理健康调查报告》显示，九成多的大学生有过心理方面的困扰，其中27%的大学生认为自己经常有心理方面的困扰。由上述调查结果可知，大学生的心理健康状况已经成为影响大学生正常学习与生活的重要因素。

一是环境适应问题。出现这一问题的大多数是新生，大学校园与高中校园的不同会让他们感到惊慌，地域的不同会让他们感到迷茫，生活方式的不同会让他们感到无措，一切的不同使得他们很难适应新的生活，从而产生心理障碍。

二是学习方面的心理问题。大学生的学习时间、学习内容、学习方式与高中时完全不同，如果不能转变学习方法与学习态度就会很难适应，一部分大学生会产生各方面的心理问题，如自卑、厌学等，严重影响着大学生的心理健康与正常学习。

三是人际交往中的心理问题。在人际交往过程中，一部分大学生以自我为中心，说话做事从不顾及他人，不能宽以待人，从而在与他人交往中会遭受挫折；也有一部分大学生过于势利，以是否对自己有利来判断交往的对象，与他人交往目的性太强，长此以往，只会遭到大家的疏离。

四是求职就业问题。随着我国高校教育制度的改革，就业政策也发生很大的改变，形成了自主择业的新型就业模式。大学生在求职择业时会产生一些心理问题，如缺乏勇气与自信、不能对自己正确定位、逃避现实等。在面临择业时，要积极面对，对自身进行正确的评价，掌握专业的技能，强化自己的心理素质，提高求职就业的成功率。

大学生是民族的希望，是祖国的未来。高校应认真加强思想政治教育工作，全面落实党的教育方针，以理想信念教育为核心，以爱国主义教育为重点，以思想道德建设为基础，以大学生全面发展为目标，坚持以人为本，贴近生活，努力提高思想政治教育的针对性、实效性，增强大学生的综合素质。大学生的心理素质影响其综合素质的发展，因此，要用正确有效的方法和途径来加强大学生的心理素质，从而提高其综合素质。

第一，开设大学生心理健康课程。2011年5月28日教育部印发的《普通高等学校学生心理健康教育课程教学基本要求》，要求各高校要根据学生心理健康教育的需要，结合本地区、本校的实际，制订科学、系统的教学大纲和教学计划，组织实施教育教学活动，保证学生在校期间普遍接受心理健康课程教育。开设大学生心理健康课程能够正确引导大学生认识、学习相关知识，并以此来提高自身的心理健康素质。

第二，举办大学生心理健康知识讲座。在讲座现场还可以通过游戏、互动的方式来加深大家对心理健康知识的认识，更加生动有趣地表现出复杂的知识理论，加深大学生的印象。

第三，建立高素质的心理健康教育队伍。心理健康教育应该融入学校教育与教学工作的全过程中。我们既要加强心理学专业教师的心理健康教育，也要增强非专业教师的心理健康教育意识和能力，持续开展心理健康教育，真正提高大学生的心理素质。

第四，大学生心理健康教育工作的网络化。网络时代的到来给人们的生活、工作和学习带来了新方式的同时也带来了便利。随着互联网的普及，大学生心理健康教育工作实现了网络式发展，他们可以通过心理咨询软件来自我测试，用在线文字、语音咨询或者用电子邮件咨询，也可以通过电话咨询，心理健康教育工作的网络化能够更好地保护学生的隐私，加强心理健康教育工作的效果。

第五，开展课外活动项目与社会实践活动。大学生要多多参与健康向上的课外活动，不仅能够培养自己的兴趣，还能愉悦自己的身心。同时，大学生也要多多参与社会实践活动，不仅能丰富自身的经验，还能开阔自己的视野。

五、加强大学生心理健康教育的指导意义

加强大学生心理健康教育，是培养高素质人才的必然要求。提升大学生的心理素质是提高大学生综合素质的有效方式。

第一，加强大学生心理健康教育，是社会进步和时代发展的迫切要求。科学技术的进步和社会的飞速发展让人们学习、工作和生活的压力越来越大，因此产生的心理问题也不断增多。特别是近年来，人们的物质生活变得富足的同时，产生了越来越多的心理问题，如焦虑、抑郁、迷茫等，大学生中也出现了这些情况，这完全影响到了他们正常的生活、学习和工作。加强大学生的心理健康教育已经成为社会发展的必然要求。

第二，加强大学生心理健康教育，是全面实施素质教育的重要内容，是提高大学生综合素质的有效方式。《关于深化教育改革全面推进素质教育的决定》中指出，在全面推进素质教育中，必须更加重视德育工作，加强对学生的心理健康教育。加强大学生心理健康教育是提高大学生综合素质的有效方式。《中国教育改革和发展纲要》强调要："面向全体学生，全面提高学生的思想道德、文化科学、劳动技能和身体心理素质，促进学生生动活泼地发展。"当代大学生应该提高自身的心理素质和综合素质，有效缓解内在及外在的压力，加强对环境的适应能力，谋求更好的发展。

六、加强大学生心理健康教育的措施

注重对大学生内心世界的启迪。事物的发展由内因和外因共同作用，而真正起作用的还是内因，内因是基础和事物将要发生的一切改变的出发点。也就是说，如果个体未能通过自身的修炼使自身的道德水准获得提升，那么，即便外界环境在围绕着这一事物做着同等形式的努力，所能够取得的效果也必将是有限的，甚至是事倍功半的。由此可见，内修在这一过程中的重要性是显而易见的。为了实现这一点，首先需要通过教育和实践增强大学生的理想和信念，使其真正成为其人生的精神支柱，使大学生的目标更加明确，对现实世界更加怀有好奇心，精神饱满，胸怀大志，对生存和发展问题能够进行理性的思考，这样的人生才更有意义。

注重社会主义核心价值观的引导。在社会转型期，对大学生进行心理健康教育需要注重对其价值观的纠正，通过普法教育和全社会的共同关注，改变旧有的但依然盛行的腐化观念，号召全社会成员积极参与社会活动，树立和重建新的价值观，或者实现社会价值观的及时回归。

21世纪以来，我国的高等教育正在进一步地变革，人们更加意识到心理素质在培养大学生综合素质中的重要作用。在新的形势下，只有更深入地研究大学生心理健康问题、创新大学生心理健康教育机制、保证大学生全面健康发展，才是今后的重要课题和努力方向。我们要充分认识到大学生心理健康及其教育的重要性和必要性，切实做好大学生心理健康工作，提高大学生的心理水平和心理适应能力，增强大学生的综合素质，为培养高素质人才做出贡献。

第二节　我国大学生心理健康教育课堂教学的问题

课堂教学作为我国大学生心理健康教育的主要渠道在高校心理健康教育工作中发挥着独特作用，但也面临着诸多困境。本节分析了我国大学生心理健康教育课堂教学效果欠佳的原因与问题，包括未体现出心理健康教育课特色、内容针对性不足、不符合大学生不同发展阶段的需求等，据此提出了"面与点相结合"的教学模式，即在概述心理健康重要领域的基础上，根据学生的心理发展现状和发展需求对不同学生群体进行有针对性的教育指导。

大学阶段是个体人生转折与发展的重要时期，也是学生心理行为问题的高发阶段。由于学业竞争、择业困难、人际及恋爱关系等方面的压力，大学生心理问题检出率呈现出居高不下的态势，大学生心理健康教育也越来越受到重视。2001年教育部颁发《关于加强普通高等学校大学生心理健康教育工作的意见》，将课堂教学作为我国大学生心理健康教育的主要渠道。2011年，教育部又相继颁布了《关于印发〈普通高等学校学生心理健康教育工作基本建设标准（试行）〉的通知》和《关于印发〈普通高等学校学生心理健康教育课程教学基本要求〉的通知》，进一步明确了课堂教学在我国大学生心理健康教育工作中的地位和作用。然而，课堂教学作为目前我国大学生心理健康教育的主要渠道，在教学效果方面还不尽如人意，例如有教师与研究学者指出，目前的课堂教学难以满足学生真正需求，原有有三点：①学生对心理健康课的看法由开始的"感兴趣，很好奇"变成了"没意思，没用处"；②对心理健康课由最初的热望变成最后的失望；③本节将就目前我国大学生心理健康教育课堂教学中存在的问题展开讨论，并据此提出改革模式供进一步探讨。

一、我国大学生心理健康教育课堂教学的独特性与重要性

经济发达国家的大学生心理健康教育起步早、发展快，逐步从早期的矫正性治疗发展到当前的预防、发展性指导，其心理健康教育的服务途径则主要包括职业和学业选择指导、学习咨询、学生的社会问题和情绪问题咨询、对问题学生进行行为治疗和具体的学业指导等。我国大陆地区的大学生心理健康教育工作起步较晚，且存在学生基数大、专兼职教师不足、专业机构缺乏、心理咨询与治疗污名化程度严重等诸多困难。经过二十多年的发展，我国大学生心理健康教育工作的领域逐步拓宽，水平不断提高，在借鉴国外先进理念的基础上结合我国实际国情和本土化特色，形成了以课堂教学为主，兼具个体咨询、团体辅导的大学生心理健康教育模式。

以课堂教学作为我国大学生心理健康教育的主要渠道具有重要的意义与作用。一方面，课堂教学是解决我国高校学生基数大、心理健康教育专兼职教师数量不足的有效途径。据调查，我国心理健康教育专兼职教师与学生的比例约在两千分之一到三千分之一之间，远低于日本的千分之一，因此，只有通过课堂教学渠道才能让更多学生接受到心理健康教育与指导。另一方面，课堂教学也是在当前心理咨询污名化严重的背景下开展心理健康教育的有效渠道。调查显示，我国大学生心理健康现状不容乐观，使用 UPI 测查工具检出的一类学生（具有严重心理问题的学生）人数接近学生总数的 1/3，除此之外还有很多存在潜在心理困扰的学生。然而，事实上只有极少量的学生能主动寻求个体心理咨询服务，更多存在心理问题和潜在心理困扰的学生因不了解自己的心理状态，或担心被贴上"心理有病"的标签不敢寻求专业帮助。相较而言，心理健康教育课堂的教学形式更容易被学生所接受，能够为广大学生提供发展性指导，预防心理问题的产生，也为存在心理问题和潜在心理困扰的学生提供自我矫正与恢复的方法。

二、当前我国大学生心理健康教育课堂教学中存在的问题

形式上多为大班教学，未能体现出心理健康教育不同于传统学科教学的特色。心理健康的标准不是个体掌握了多少"正确"的心理健康知识，而是是否拥有积极的情感体验、适度的情绪表达与控制、切合实际的生活目标、完整与和谐的人格、恰当和清晰的自我认识、良好的人际关系等等。因此，与重视学科逻辑结构和知识体系的传统学科教学不同，心理健康教育课应是集心理知识的传授、心理活动的体验、心理调适技能的训练于一体的综合课程，尤其重视学生的自我体验、分享以及在生活中的实践应用。但目前大学生心理健康教育普遍采取的是大班教学的形式，每个教学班包括 2 ～ 3 个行政班级 100 余名学生。伴随大班教学的一大问题是课堂互动受限，课堂上教师以单向的知识讲授为主，将心理健康教育课定位为心理健康知识的普及课，难以开展丰富多彩的体验式活动以及组织有效的分享讨论，使课堂失去了应有的活力。

内容上丰富全面但针对性不足，未能就学生发展现状进行深入指导。从内容上看，目前大学生心理健康教育课涉及的内容是很全面的，包括心理健康的基础知识（如心理困扰与异常心理的识别、心理咨询介绍等）、自我认识与发展（如自我意识培养、人格发展等）以及各类心理调适能力（如学习、恋爱、就业、压力应对、生命教育等）。这些内容基本涵盖了大学发展阶段个体心理健康的方方面面，提供了从预防、指导到矫正、治疗的多方面知识与技能。然而，大学生心理健康课一般只有 32 ~ 36 个学时，平均到每个主题就 2 ~ 3 个学时，如果每个主题都从基础知识点到活动体验与讨论再到实践应用，各环节都只能蜻蜓点水浅尝辄止，很难真正给学生带来触动，起到有效的指导作用。事实上学生心理发展的短板和需求是各不相同的，比如有的学生可能在人际关系方面有更多困扰和需求，而有的学生则在学业或生涯发展方面需要更多的指导，这也就要求心理健康教育课不能仅仅"全而泛"，应做到面与点相结合，在对重要主题领域进行概述的基础上，依据学生的发展现状和需求进行有针对性的深入指导。

设置上课堂教学集中在大一完成，不符合大学生不同发展阶段的需求。个体是不断发展变化的，心理也是随情境动态变化的，在发展的不同阶段学生遇到的典型问题可能存在不同。例如，一般大一新生的问题突出表现为新环境适应困难，难以应对各类变化；大二阶段开始涌现各类人际关系问题、恋爱困扰；大三阶段最突出的问题表现为学业倦怠、迷茫、生涯规划困扰；大四学生则最需要压力与挫折应对、就业困扰方面的指导。可见，心理健康课不是一劳永逸的课程，应伴随学生的整个大学生活。但就目前大学生心理健康教育课的开展来看，课程往往被安排在大一进行，只有极少数学校还开设了全校范围的心理健康方面的选修课，大一之后学生便很难再接触到与心理健康相关的学习。这样一方面导致心理健康教育课的学习内容与大一学生的发展特点不匹配，课堂教学内容与学生主体缺乏共鸣，难以激发学生的体悟和学习兴趣；另一方面，当学生进入新的发展阶段，有相应的心理困扰和指导需求时，缺乏获得预防性和发展性指导的途径，导致大量学生出现心理问题或疾病症状。

三、大学生心理健康教育课堂教学的模式探索

基于上述我国大学生心理健康教育课堂教学的独特作用和既有问题，本节提出发展"面与点相结合"的大学生心理健康教育教学模式。一方面，压缩既有"面"的普及教育内容，即心理健康基本知识、自我认识与发展以及各类心理调适能力等重要领域的一般知识与技能学习；另一方面，增加"点"的针对性指导，即针对学生心理适应发展相对较弱的领域以及不同发展阶段的需求，在不同领域进行更深入、有针对性的学习。在现有课堂教学的基础上，主要进行以下几方面改进。

基于学生的心理发展现状分班教学，对不同学生群体进行有针对性的指导。大一阶段除进行传统心理健康重要领域的普及教育外，还应增加基于学生发展现状的针对性指导。

实践操作上可基于新生心理健康测评结果为分班教学提供依据。例如教育部组织专家编制的《大学生心理适应量表》，从人际关系适应、学业适应、校园生活适应、择业适应、情绪适应、自我适应、满意度七个维度评估大学生在不同领域的心理适应现状。基于测评结果可以将大一新生按照适应困扰最突出的领域进行分班，进而对具有相同适应问题和需求的学生进行有针对性的指导。

根据学生不同发展阶段需求，在其他年级开设心理健康延伸教育选修课程。课堂教学途径在我国大学生心理健康教育中的独特作用也对心理健康教育课提出了更高的要求，即需要伴随学生的整个大学生活。除大一以外，有必要针对不同年级学生发展的主要任务和需求开设相应的心理健康延伸教育课程，供有指导需求的学生选修。延伸课程亦属于"点"的指导，是围绕某一具体领域展开的深入而有针对性的指导，以体验活动和讨论小组为主，注重培养学生实际应用和解决问题的能力。

通过培训有条件的辅导员、聘请专家讲座等多种途径克服师资力量不足的困难，实现课堂教学的新模式。无论基于学生心理发展状况分班教学，还是开设心理健康延伸教育选修课程，都涉及需要更多心理健康教育师资力量的问题。在"面"的普及教育中，以加强现有专兼职心理健康教师的专业技能和教学技能培训为主，促进更丰富和有效的课堂教学手段；在"点"的针对性指导中，可通过更为灵活多样的方式补充师资力量，例如发展、培训有条件的辅导员参与到某些自身擅长领域的心理健康教育课堂教学中，充分调动社会资源，聘请相关领域的专家举办专题讲座或各类活动并折合学时等。

第三节　大学生心理健康问题与危机干预

随着我国社会经济的迅猛发展，大学生所承受的心理压力越来越大，致使他们的心理健康问题也愈来愈严重。基于此，大学生的心理健康问题必须得到高校乃至社会的高度重视，并构建行之有效的大学生心理危机干预机制，这不仅有利于帮助大学生重新构建健康的心理，还有利于推动高校乃至社会的和谐稳定发展。由此可见，深入探索大学生心理健康问题与危机干预是很有必要的。通过概述大学生心理健康与心理危机，分析大学生心理危机的成因，探究大学生心理危机干预模式，并提出大学生心理危机干预对策，以供人们参考。

大学生的心理健康问题，不仅会影响到大学生的学业与生活，甚至还会危及大学生的身心健康。由此可见，大学生的心理健康问题应该得到高校乃至社会的广泛关注。如何应对大学生的心理危机，已成为当前各大高校无法回避的紧迫问题。所以，对大学生心理健康问题与危机干预进行深入的探索是很有必要的，它对大学生的健康成长是很有帮助的。

一、大学生的心理健康与心理危机

要想更好地概述大学生的心理健康与心理危机，就必须从以下两方面着手：第一，大学生心理健康的现状；第二，大学生心理危机类型。

大学生心理健康的现状。从目前来看，并不是所有的大学生都有严重的心理健康问题。很多大学生在遇到困难的时候，还是较为乐观的，他们通常会持积极的心态去解决所遇到的困难。然而，还有很多大学生缺乏健康的心理，这些大学生在遇到挫折的时候是十分消极的，他们一般都会有较为严重的心理问题，甚至会有一定的自杀倾向，这对大学生的健康成长来说是非常不利的。由此可见，大学生的心理健康问题具有一定的普遍性，高校乃至社会必须对其高度重视，若不及时采取对策，是很难推动高校乃至社会的和谐稳定发展的。

大学生心理危机的类型。大学生心理危机类型主要分为以下两类：第一，发展性危机。它主要是指大学生在个体成长发展阶段可能出现的危机，例如，生活意义与生命价值感悟的问题、环境与人际关系适应的问题、现实自我与理想自我的问题、就业与求学的问题等，这些问题通常源于大学生的内在影响因素，并且具有一定的自我调节性和内生性。第二，情境性危机。它主要是指大学生在日常生活中可能出现的危机，例如，暴力伤害、考试失利、遭遇亲人离世、班干部竞选失败以及失恋等，这些问题一般源于大学生的外在影响因素，并且具有一定的突发性。从目前来看，大学生遇到发展性危机的概率是比较高的，但是危害性却不大；而大学生遇到情境性危机的概率相对来说是比较低的，但是危害性却较大，一旦遇到，后果不堪设想。

二、大学生心理危机的成因分析

大学生心理危害的成因主要体现在以下两方面：第一，主观原因；第二，客观原因。

主观原因。在突发事件和外部环境都相同的情况下，每个大学生都会有不同的应对方式和心理承受能力。一些大学生就算遇到困难也不退缩，反而会迎着困难去克服它，在此过程中，不仅磨炼了意志，还获得了更好的自我发展。然而，还有一些大学生在遇到困难时，会产生怯懦的心理并选择逃避，此时的他们并不能做出正确的决定，致使他们一直沉浸在消极的情绪里，最终会造成很坏的后果。由此可见，主观原因是导致大学生心理危机的主要成因。而主观原因大致包括以下几种：第一，自我认知与思维模式差错。由于大学生尚未建立正确的人生观、社会观以及价值观，所以，他们很难客观地评价自己，自我认知差且无法控制自己的情绪，一旦遇到挫折，就会陷入无止境的负面情绪里，一旦获得奖赏，就会出现自我崇拜的心理。除此之外，大学生也难以形成发散式的思维模式，在认识事物和分析问题时，他们往往只顾眼前利益，并不能把眼光放得长远。第二，个性缺陷。个性缺陷不仅与先天遗传因素有关，还受后天社会环境因素的影响。从目前来看，很多大学生既没有良好的人际关系，又缺乏丰富的生活经验，所以，这些大学生很容易出现个性缺陷。不管是在生活上还是学习中，他们都没有较强的心理承受能力，一旦遇到困难，就会惊慌失措。甚至还有一些大学生难以适应校园生活，自闭心理很严重，这些大学生一旦受到刺激，就会丧失理智，伤害他人。第三，抗压能力差。由于大学生尚未完全步入社会，所以，他们还在憧憬着美好的未来与理想，向往着纯真的友谊与爱情，但是社会往往是残酷的，当真正步入社会之后，他们很难接受如此巨大的反差，适应的大学生会继续生存下去，而适应不了的大学生则会被社会淘汰。

客观原因。困难和挑战是大学生在日常生活与学习中无法避免的，若大学生不能及时解决这些困难和挑战，就很有可能引发心理危机。而这些困难和挑战主要来自以下几方面：第一，学习方面的压力。从目前来看，很多大学生都没有明确的学习目标，致使他们在学习中不思进取，最终导致学习成绩不够优异，又由于学习成绩直接影响着他们的未来，所以，他们在学习方面会有一定的压力，久而久之就会产生心理危机。第二，人际交往方面的压力。集体宿舍生活对于一直被父母娇生惯养的大学生来说并不适应，这些大学生都有着各自不同的文化习俗和生活习惯，相处久了，必然会引起纷争。所以，他们在人际交往方面会有一定的压力，久而久之就会引发心理危机。第三，就业方面的压力。随着时代的进步，社会也对人才提出了更高的要求，不仅要求他们具备丰富的专业技能，还要求他们具有一定的综合素质，这就使得各大高校不断地革新就业制度，致使大学生的就业压力不断增大，久而久之就会产生心理危机。

三、大学生心理危机干预模式

对于大学生心理危机干预模式来说，主要包含以下几种：第一，认知模式；第二，平衡模式；第三，心理社会转变模式，具体分析如下。

认知模式。认知模式主要适用于大学生心理危机状态基本平复，使其逐渐接近于危机发生前的心理平衡状态。认知模式观点认为，大学生的心理健康之所以会受到心理危机事件的影响，就是因为大学生对心理危机事件进行了错误思维，而并非心理危机事件本身。

平衡模式。平衡模式主要适用于大学生心理刚刚发生的时期。平衡模式观点认为，发生心理危机的大学生，其心理状态本是较为平衡的，正是由于心理危机事件的来临打破了大学生的心理平衡，他们感到所要面对危险事件不能用以往的应对机制进行解决，最终导致他们出现严重的心理健康问题。

心理社会转变模式。心理社会转变模式观点认为，大学生在遗传天赋和社会环境的影响下，不仅具有自然属性，还具有一定的社会属性。由于大学生生活的社会环境会随着他们的成长而不断发生变化，所以，大学生的心理危机既与内部困难有关，也与外部困难有关。除此之外，心理社会转变模式，不仅有利于解决大学生的心理健康问题，还有利于指导大学生的心理危机干预。

四、大学生心理危机干预对策

加强大学生的心理咨询工作。要想干预大学生的心理危机，就必须加强大学生的心理咨询工作，通过开展心理咨询工作，为大学生创造一个发泄情绪的平台；通过咨询师的不断引导，为大学生重拾信心奠定基础；通过构建完善的专业心理咨询辅导机制，为大学生提供专业的心理咨询服务。

构建心理危机信息反馈系统。要想建立健全心理危机信息反馈系统，高校就必须从以下几方面入手：一是构建心理危机处理的信息沟通制度；二是构建心理危机应急处理中的快速支援制度；三是构建心理危机预兆识别预警制度；四是构建心理危机干预机构值班制度。只有这样，才能及时掌握各种心理危机情况，从而有效抵御大学生的心理危机。

建设心理危机预防制度。首先，高校应该加大力度宣传大学生心理健康与心理危机知识，以此来帮助大学生提高应对心理危机的能力；其次，高校应该积极组织教师和辅导员参加相关的专题培训，以此来帮助教师和辅导员提高识别心理危机的能力，这对干预对策的有效实施来说是十分有利的。

营造良好的校园环境。一方面，高校应该定期开展各种各样的社会实践活动和校园文体活动，为大学生提供一个可以施展自身才华的平台；另一方面，高校还应该加大宣传力度，不断调动大学生的主观能动性，使大学生能够积极地参与到这些社会实践活动和校园文体活动中，让他们一直处于身心愉悦的状态，这对干预大学生的心理危机来说是很有帮助的。

总之，深入探索大学生心理健康问题与危机干预是尤为重要的。通过概述大学生心理健康与心理危机，大学生心理健康的现状，大学生心理危机的类型，分析大学生心理危机的成因，包括主观原因、客观原因。探究大学生心理危机干预模式，包括认知模式、平衡模式、心理社会转变模式。并提出大学生心理危机干预对策，加强大学生的心理咨询工作，构建心理危机信息反馈系统，建设心理危机预防制度，营造良好的校园环境。只有这样，才能全面提高大学生的心理素质，从而促进大学生的健康成长。

第四节　我国大学生朋辈心理辅导研究

大学生朋辈心理辅导是我国大学生心理健康教育的积极探索。我国在其模式途径、效用评估、现状及其影响因素等方面的研究已取得阶段性成果。但从内涵发展、研究方法、研究类型等方面对我国大学生朋辈心理研究成果进行梳理分析，发现其定量研究少且质量不高；相关干预效果研究思路不够全面，研究方式单一，缺乏验证持续性作用的追踪研究和提供全面数据的现状差异调研，缺乏中外朋辈心理辅导效果的跨文化比较；朋辈心理辅导概念界定不清，缺乏全国性的规范化指导标准等问题，在研究方法、研究思想、研究理论上可不断改进，拓展研究空间。

从 2003 年华南农业大学组建的第一个朋辈心理辅导机构——"阳光加油站"到 2013 年中国人民大学与斯坦福大学合作建立的"桥"朋辈心理咨询课程，10 年间，我国高校开始逐步推进朋辈心理辅导工作，研究成果也逐渐丰富。本节以 2005—2015 年间的《中国期刊全文数据库（CJFD）》的相关文献为依据，从朋辈心理辅导的内涵、研究方法、研究类型等方面，对我国高校朋辈心理研究的现状予以介绍和评价，并就未来研究方向进行展望。

一、朋辈心理辅导的概念及其发展

朋辈心理辅导起源于 20 世纪 60 年代的美国。作为对备受压力的美国青少年的心理援助资源，美国精神卫生领域掀起了一场以朋辈咨询为主的非专业心理咨询变革，威兰德发表了朋辈心理咨询的首篇论文。1984 年，集聚全美 501 个朋辈心理咨询推广合作伙伴的"全美朋辈教育联合会"成立了。在美国，朋辈心理辅导有很多名称，如朋辈心理咨询、辅助性咨询、半专业咨询、朋辈帮助、同伴教育等。美国学者对朋辈心理辅导的内涵界定主要强调提供专业培训、朋辈式支持与朋辈领袖示范。如马歇尔夫提出"朋辈心理咨询是非专业心理工作者经过选拔、培训和监督向寻求帮助的年龄相当的受助者，提供具有心理咨询功能的人际帮助的过程"。目前，朋辈心理辅导被广泛运用于全美校园，主要形式为朋辈电话和门诊咨询、朋辈调解、朋辈伴读、朋辈健康教育等。

20 世纪 70 年代中国港台地区的学校率先引入朋辈心理咨询范式。在中国台湾，朋辈辅导多被称为"同侪辅导"。庄涵认为：同侪辅导是半专业的助人者对其他学生提供倾听、与经验分享服务，以协助同学探索自我、适应环境，增进自我成长的一种咨询方式。20 世纪 90 年代起，香港高校利用"学友计划""友伴 fun 享计划""朋辈辅导训练课程"等方式推广朋辈支持和帮扶计划。台湾学者也进行了大量的学校朋辈心理咨询的实证研究，特别强调对朋辈辅导员的系统训练和评估。目前台湾地区 73% 的高校都已建立了朋辈心理咨询组织。最早有关朋辈心理的表述由陈国海提出，他认为朋辈心理咨询是在人际交往过程中人们互相给予心理安慰、鼓励、劝导和支持，提供一种具有心理咨询功能，可以理解为非专业心理工作者作为帮助者在从事一种类似于心理咨询的帮助活动。与美国的概念界定相比较，中国的概念界定更笼统、限制更少、更少强调专业培训、更多的思想政治教育的韵味。但结合国内外的研究来看，朋辈心理辅导都具有"同龄参与""自助助人""心理支持""半专业培训"的特点。

二、大学生朋辈心理辅导的研究

（一）研究方法

目前，我国对于大学生朋辈心理辅导的研究成果多为思辨的质性探讨，主要集中在对朋辈心理辅导的效用分析、模式探讨、实施途径等方面。大多数的学者认为朋辈心理辅导与专业心理咨询比较，具有自发义务性、亲情友谊性和简便有效性的优势，因此既能够缓解大学生心理咨询需求量大而高校专业咨询师少的困境，又是一条提高心理健康教育实效的捷径；也有学者提出朋辈心理辅导是增强大学生社会支持的新途径，对大学生心理危机干预有积极作用。针对朋辈心理辅导的模式和途径，一些学者提出了不同构想。有采用"心理咨询师—辅导员—朋辈组长—新生宿舍"的阶梯式分层心理互助模式进行大学新生入学适应教育；有提出建构宣传、熏陶、帮助、咨询、干预活动的五位一体的大学生公寓朋辈心理帮助体系；有提出开展互助式心理训练、互助式心理咨询、互助式心理辅导、互助式心理激励的立体化朋辈心理辅导模式。但是现有的研究更多的是对朋辈心理辅导的构想，提出的具体操作方式没有验证辅导之效果，研究质量不高。

2010年后，更多学者开始用量化研究探索朋辈心理辅导在我国高校的应用，对其现状、作用、评估工具等方面都进行了一些实证研究。许多研究都用自编问卷对所在高校的朋辈心理工作进行了基础调研，收集到各地高校学生对朋辈心理工作的接纳度、各校朋辈心理工作开展的深度及广度、朋辈心理辅导员培训前后的角色认同和人格变化、接受朋辈心理辅导后的个体或集体的心理素质改变情况等数据资料。量化研究的增多推动了对朋辈心理相关工具的研究。葛缨验证了自编《大学生朋辈心理辅导调查问卷》的内容和结构，提出大学生朋辈心理辅导包含主观认知与客观资源两方面以及内涵理解、人员要求、辅导作用、辅导原则、客观资源、财力支持、人员支持、设施支持等维度；李云霞、曹玮依据朋辈辅导员的胜任力水平和培训需求编制了《高校朋辈心理辅导员胜任力问卷》和《基于胜任特征的高校朋辈辅导员培训需求问卷》；单云丽则以模糊评价法建立了朋辈辅导员绩效考核层次结构模型用来考核其工作效果。

（二）研究类型

综观文献，有关朋辈心理辅导的研究类型可以从内容取向和过程取向两个方面展开。内容取向的研究者以关注朋辈心理辅导的内容为主要导向，如形式、培训课程建设等问题；过程取向的研究者则关注朋辈心理辅导过程的现状、作用、评估及影响因素等问题。

1. 朋辈心理辅导形式的研究

由于结合了心理健康教育和思想政治教育的形式，朋辈心理辅导的形式丰富多样。但在文献中的称呼略有不同，如"内容""途径""方法"等。依据辅导群体的不同，分为朋辈个体心理辅导和朋辈团体心理辅导，多数学者认为团体形式更能体现朋辈辅导的便捷和有效性；依据辅导方式的不同，分为面谈和非面谈方式，其中非面谈方式包括网络心理辅导、热线咨询、书信辅导等，多数学者认为非面谈形式更利于展现大学生的真实感受从而找出问题的真正原因，同时非面谈方式不受时空限制，隐蔽性强，更受大学生欢迎；依据辅导载体的不同，又有社团、班级、寝室和楼栋等多种朋辈心理辅导平台，其中以班级心理委员开展的朋辈心理互助活动推广性最强、影响力最大。

2. 朋辈心理辅导课程的研究

一些研究针对朋辈辅导员的选拔、培养、管理提出了不同方案。例如，根据不同年级朋辈心理辅导员的成长水平，搭建"阶梯式多元化"朋辈心理辅导员训练平台；将案例教学法、团体心理辅导、素质拓展活动引入心理委员培训，从而提高心理委员培训的实效性与趣味性；设计基于朋辈辅导员胜任特征结构或者基于积极心理学理念和以人为本主义的培训课程；华南理工大学还开发了"教学在线"的朋辈心理咨询网络教学平台。

3. 朋辈心理辅导现状的研究

研究发现，不同地域的大学生朋辈心理辅导的发展水平是不同的，北京、长三角、华南开展时间较早，发展较好，但存在认同度高，了解度、参与度、满意度低的情况。例如：胡宇、成静、钟向阳分别对北京、南京、广州三地的高校朋辈心理工作进行问卷调查后发现，60% 的同学认为增设心理委员有必要且整体素质优良，83% 的同学认为朋辈心理辅导对其大学阶段的成长有一定帮助；但 40% 的心理委员不知具体操作而常被认为不作为，心理委员制度的危机干预作用受限。虽然心理委员工作积极性不高，工作的自我效能感较低，但对工作价值、人际关系满意度、自我的素质和个人能力提升满意度较高。同时多数朋辈心理辅导员存在角色冲突困扰，主要因为学校与同学对其接受度和期望存在较大落差；同时由于缺乏朋辈辅导督导与评价体系，其持续成长需求与反馈需求不能被满足。

4. 朋辈心理辅导效果的研究

随着各大高校开始开展朋辈心理辅导，研究者也逐渐开始关注朋辈心理辅导的实际效果和作用，该类研究主要集中在新生适应、危机干预、生涯规划等方面。例如吴素梅、侯玉婷、李虹岳等验证了朋辈心理辅导对大学生社交焦虑、自尊、异性交往、寝室关系等具有显著的效果，且影响力持续 3 个月以上。林静、朱美燕均发现朋辈心理辅导员在校园危机干预中具有重要作用，尤其是可以提供延伸帮助和危机干预后心理支持的作用。除此之外，朋辈心理辅导还有助于改善学习倦怠，提高毕业生的心理适应能力，在贫困大学生心理健康工作中也有所应用。

5. 朋辈心理辅导角色的研究

过程取向的另一个视角是朋辈心理工作者。李云霞提出高校朋辈辅导员的胜任力由职业性格特质、人际沟通与协调、成就导向、职业态度和品质、自我成长的特质、广泛的相关知识和经验六个维度构成；来燕提出由自信心、人际沟通、自控力、影响力、概念性思考和专业知识 6 项特征组成的心理委员胜任模型，两人均在自建模型上编制了胜任特征问卷。龚琛琛发现心理委员的胜任力不足，尤其是助人特质最为欠缺。除此之外，一些研究发现朋辈心理辅导员在参与了朋辈心理工作后其心理品质有所提升。经过训练后的朋辈心理辅导员在强迫、人际敏感、抑郁、焦虑、躯体化等方面的分数显著降低；人格特质中的乐群性、怀疑性、忧虑性、自律性、紧张性等因子均有显著性改变；自我认知与评价、人际交往、情绪调控、环境适应等能力均有提升；整个朋辈心理培训团队的团体气氛更好。

6. 朋辈心理辅导影响因素的研究

影响大学生朋辈心理辅导的因素大体上可以分为个体因素和环境因素。个体因素指朋辈心理辅导员或咨询员的个人素质；环境因素包括学校的重视程度、接受辅导同学的态度、朋辈辅导工作的宣传力度等。

朋辈心理辅导员的人格特质、品德修养、专业素养、心理素质、工作态度等都会对朋辈心理辅导工作产生影响。其中与对专业心理咨询工作者的专业知识要求存在一定差异的是，67.9%的大学生最看重朋辈心理辅导员的个人品质，具有稳定性、乐群性、敏感性、自律性、有恒性分值较高而世故性较低的人格特质的个体更适合担任朋辈心理辅导员。此外，朋辈心理辅导员的自我认知、共情能力、辅导技巧经验也是朋辈心理工作效果的受限因素。但是，我国绝大多数高校的朋辈心理工作还处于初生阶段，工作难以获得学校在经费、场地、激励政策等方面的有效支持。研究发现，完备的专业培训、制度建设、充分的专业督导、适时的评价激励和充裕资金支持，都会有效提升大学生对朋辈心理工作的参与度与满意度。同时不容忽视的是，对以学生身份承担助人责任的朋辈心理工作者，提供有效督导是对其工作效果持续提升的干预措施。但非常遗憾，目前我国朋辈辅导员督导体系建设的研究几乎为零。

三、不足与展望

我国的大学生朋辈心理辅导还处于逐渐完善和发展阶段，虽然已经取得阶段性成果，但仍没有全面普及，高校的朋辈心理辅导既缺乏完备的体制保障又缺乏规范适用的培训、督导体系，相关研究在方法、思路、效果上均存在一些问题。

（一）研究方法

一方面是定量研究少且质量不高。当前我国的朋辈心理研究还停留在理论构思和经验总结阶段。为数不多的定量研究中准实验设计多，真实验设计少且不规范。尤其是在朋辈心理辅导的实效研究中，因为影响因素众多，应该注意尽量排除时间、地点、个体差异等因素对朋辈心理辅导实验的干扰，确认接受辅导与未辅导同学之间的差异以及辅导前后的差异。另一方面，现有质性研究中缺乏统一范式和规范化工具。研究者多数采用自编问卷评估朋辈心理辅导的效果。随着质化研究的复兴、质化研究软件的成熟，高校朋辈心理辅导质化研究范式将成为新触角。另外，国外现已出现较为成熟的评估心理健康、幸福感等方面的行为实验测量方法，对朋辈心理辅导效果评估及朋辈辅导员培训效果评估的研究将提供新视角。因此，朋辈心理辅导未来的研究应在真实验设计基础上，探索更为有效的测评手段。

（二）研究思路

尽管目前有关朋辈心理辅导的作用评估研究较多，但主要集中在新生学校适应、社交焦虑等方面，干预效果的研究还需进一步完善。与其他类型心理辅导相比较，朋辈心理辅导的优势论证缺乏实证研究。依据朋辈心理辅导的行为干预原理，国内研究需要更多考虑辅导过程中朋辈示范、朋辈支持、自我预期的作用机制。另外，关于大学生朋辈心理辅导作用的研究范式单一。追踪研究较少因而无法确定其持续性作用；现状调研不全面，缺乏对各大高校现状差异的调研；缺乏国内外朋辈心理辅导效果的跨文化研究。因此，我国高校朋辈心理辅导的研究思路还有很大的拓展空间。

（三）研究理论

综观国内研究文献，"朋辈"与"朋辈心理辅导"定义不清，朋辈成员构成混乱。国外研究强调朋辈心理工作者必须是经过严格选拔和培训的同龄人；但我国高校对朋辈心理辅导员的选拔培训并无统一标准，一些研究更将心理社团成员或班级心理委员等同于朋辈心理辅导员。未经专业培训的心理委员和社团成员在以朋辈心理辅导员身份工作时，不但辅导效果受影响，自身也会因此产生困扰冲突。另外，"朋辈心理辅导"与"朋辈心理活动""朋辈心理咨询"的概念界定不清。国内"朋辈心理辅导"大多将"活动""咨询"包括其中，但国外的"朋辈心理辅导"专指有准专业指导性的朋辈咨询。因此界定好核心概念对于国内的朋辈心理研究来说十分重要。

除此之外，国内各高校朋辈心理工作质量参差不齐，主要原因是我国没有规范、统一的朋辈心理工作标准，朋辈心理工作缺乏校际合作。"全美朋辈教育联合会"早在2002年就对美国朋辈心理咨询的项目启动、项目实施、项目维护进行了标准化规范和指导。因此，我国有必要通过开展校际交流合作来提高朋辈心理工作的规范化和实施的深度广度。

第五节 贫困大学生心理健康服务的意义、问题

当前，在我国社会快速发展和进步的过程中，国家的经济和科技水平得到了良好的提升，在这样的背景下，人们逐渐开始意识到，校园教育工作在开展的过程中，不仅需要关注学生的成绩，也需要关注学生的心理状况。特别是大学校园内部，由于学生本身的思想意识和水平已经有所提高，所以在心理上更容易出现偏差的现象。本节就是针对校园内部，贫困大学生心理健康的服务工作开展情况进行分析，了解到其中存在的问题，找到科学合理的解决对策，希望有效解决贫困大学生心理健康问题，提高服务的整体质量，为我国输送更多健康有用的人才。

心理健康的服务能够对一个人的全面发展有所关注，能够解决人们心理上的问题，所以也能够看出，心理健康的服务对于贫困的大学生来说，有着非常重要的意义。但是，当

前我国社会中所开展的心理健康服务，对于贫困的大学生来说，还存在着一系列的问题。本节也就此提出了相关的解决对策，希望能够发挥出心理健康服务的优势和作用，加大贫困的大学生心理健康教育工作关注力度，以此实现学生个人的健康成长，以及社会内部的稳定发展。

一、贫困大学生心理健康服务的意义

在一个人成长和发展的过程中，心理的健康是人类生活和生存最为基本的需求，因为心理的状态直接影响一个人的行为举止，甚至会影响一个人的反应程度和情绪等各方面的情况，因此心理健康是至关重要的。当前在我国高校内部贫困的大学生数量较多，造成贫困的大学生主要原因就是，家庭背景、生活环境等各方面因素的影响，学生的经济水平无法与当前平均水平相互平衡，这也导致部分大学生生活比较困难，甚至需要贫困补助，或者是勤工俭学。据调查，贫困的大学生处于人格发展理论中，在这一时期，大学生身体上各项机能，以及生理的能力都已经达到了一个最佳的状态，并且逐渐在向着成熟的方向发展，但是其心理的状态，并没有达到成熟和稳定的水平。所以这一阶段相对比较贫困的大学生，其心理和智力并未真正的成熟，所具有的社会经验比较少，还处于校园到社会一个过渡的阶段，也是身体和心理发生急剧变化的时期，这一阶段是人生重要的转折点，贫困的大学生会面临着各种各样心理上的困惑和冲突，如果不能够及时地解决这些问题，会严重地影响学生身心的健康发展。

二、贫困大学生心理健康服务的问题

（一）缺乏经费支持，服务机构不规范

当前，在我国高校内部心理健康的相关服务机构，以及整个的建设工作，主要呈现出一种隶属的关系，所需要使用的设备条件、师资力量，在当前的校园教学工作开展过程中，并没有给予一个相对统一的规范，甚至很多高校没有独立的对学生进行心理辅导和服务的机构，所以这种隶属关系也呈现出一个比较复杂的状况。甚至有些心理健康服务机构，在高校内部隶属于学工部门，也有的隶属于校园内部的医院部门，在名称的称呼上，每个高校内部对于心理健康服务机构，都有不一样的名称。有些校园内部叫大学生发展研究中心，或者是指导中心，也有的叫健康心理教育中心，还有叫是心理咨询和心理辅导室等。有些高校内部虽然其物质的条件相对是比较充足的，但是总体上来看，大部分的服务机构在硬件设施上并不够完善，所能够提供学生接受心理健康指导的地方比较少，师资力量不足，这也严重影响了整个教育活动的顺利开展。造成这种情况主要的原因就是缺乏经费的支持，导致整个活动没有专项的经费，所以在教育服务工作开展会受到限制，最终影响其整个心理健康教育工作的质量和效果。

（二）宣传教育不够，对心理健康缺乏认识

在高校内部长久以来就是受到传统教学思想理念的影响，认为只要能够提高学生的学习成绩，保证学生在未来的工作岗位上能够发光发热，就达到了高校内部教育工作的最终目的。特别是面对一些贫困学生来说，教师认为学生只要能够拿出学费，进入校园目的就是为了自己在未来的工作岗位上，能够获取更高的收益，所以教师在高校内部教学工作，仅仅停留在对学生进行知识的指导上，而完全忽略了学生心理教育工作的开展，所以这也导致整个心理健康服务工作的宣传力度不足，受到传统思想观念的束缚。在心理的健康服务对象任务和具体工作开展方法上，思想观念严重缺乏，甚至很多高校内部认为，只有存在着心理疾病的学生，才需要接受心理的治疗，这也会造成一些贫困的大学生产生顾虑，害怕别人认为自己心理上有问题，遭受到其他同学或者老师异样的目光，从而不敢踏入心理咨询工作室。这种对于健康服务缺乏认知的情况，一方面就会导致贫困的大学生，对自己当前所存在心理问题有着忽视的现象；另一方面也会导致教师和校领导，并不关心心理健康的服务工作，影响了学生正常接受工作的机会，也阻碍了学生的良好成长。

（三）缺乏专业的服务人员

心理健康服务工作属于一门具有比较专业性的服务工作内容，所以在整个工作开展的过程中，还要有专业的人员给予支持，保证能够真正地渗透专业的思想理念，顺利地开展心理健康服务的工作，才能够达到教育工作最终的目标。但是，由于当前我国高校内部，对于心理健康服务专业的人员还相对比较缺乏，这也影响了这一工作的顺利开展和实施。据调查，国外对于心理的健康服务人员提出了非常高的要求，不仅仅需要在从业的资格方面进行考核，更需要了解到整个工作人员的素质和水平，只有达到了相关的标准，才能够从事这一工作。

我国高校内部目前对于心理健康服务，所担任教育工作，或者是健康指导的人员，大多数都是非专业的工作人员，甚至不是专业的心理教师，也不是专业的心理辅导医生，大部分的工作都由校园内部的辅导员，以及其他的工作人员充当心理辅导的老师。高校内部整个工作量相对较大，还需要身兼数职对学生进行心理上的辅导，这也导致很多老师并不能够真正地掌握每个学生心理发展的动态，甚至会发生角色的混淆，这种服务工作开展相对盲目，整体的质量和效果甚至会适得其反。

三、贫困大学生心理健康服务工作的开展对策

（一）加大经费投入，规范心理服务机构

想要真正科学有效地对高校内部，大学生进行教育和引导，了解到贫困的大学生当前的心理状态，就需要有针对性地对心理健康的服务工作进行改善，所以高校的内部也需要真正地关注到，心理健康这一服务工作站具体监理工作中，所需要的相关资金和经费，在

对经费的投入上，需要适当倾斜，尽可能地把一些资金融入心理健康的工作之中，这样才能够真正地通过对当前学生对于心理健康教育需求的情况，建立起一套相对比较完善的，能够对学生进行心理服务的具体工作开展模式。同时校园内部也需要加大对一些硬件的基础设施的投入力度，可以是宣泄室、沙盘室，还有测试的教室等，这些教室对于贫困学生来说，可以在校园内部享受到心理健康的指导工作，也能够让学生在校园内部真正得到最为专业的指导。

与此同时，还要求相关的工作能够配备专业的心理辅导，教师这样才能够发挥出这一平台的作用，也能够真正地为高校内部贫困的大学生，提供科学有效的心理咨询，为其心理健康的发展营造出最佳的环境，使其能够拥有宣泄的对象和倾诉的地方，这样就能够有效地解决学生心理上存在的问题。

（二）加强宣传教育力度，提高服务认识

对于高校内部贫困的大学生来说，心理健康的服务工作一般情况下，在认知上还存在着一系列的误区，这也是其中需要改善的非常重要的一项内容，只有大学生能够直面心理健康服务工作，才能够顺利地参与其中，有效地解决自己心理上的问题。所以，面对当前贫困的大学生，对相关心理健康教育基本知识不够了解的情况，还需要有针对性地对其进行引导，避免大学生出现心理问题却不懂得如何预防调节和治疗的现象。同时也要求贫困的大学生深入到心理服务工作之中，参与自己心理状态改善的过程，这样才能够使大学生在喜闻乐见的形式和环境下，真正接受心理健康辅导。

例如：高校内部可以结合使用微博、微信等各种宣传的网络服务平台，把心理健康的宣传工作和教育，融入大学生实际生活，使贫困大学生能够感受到润物细无声的心理教育工作的作用。同时，心理辅导的教师也需要严格遵循自己的职业道德，保证能够对来访者的信息进行保密，使贫困大学生能够真正接受心理教育工作，提高自己的整体状态和情绪。

（三）加强人才队伍建设，保证服务质量

在高校内部开展心理健康的服务工作，还需要能够把这一门服务内容，与多学科进行联系，因为心理的健康指导，本身就属于一门具有综合性特点的学科，所以其中需要关注到的，最关键的人员就是心理辅导教师这个角色，还要求教师的专业素质和技能的整体水平能够得到提升，保证教师能够站在最专业的角度，对学生进行健康教育工作的指引。同时，保证整个服务工作的效果和质量能够得以提升。因此高校需要大量引进专业的心理辅导教师，使其在工作的过程中，能够接受奖惩机制，这样才能够留住资深的教师。也需要加大对这方面人员的培养，定期地组织相关人员接受学习和培训工作，形成科学合理的考核制度，这样才能够使老师在理论知识和实践操作方面所拥有的技能充分发挥出来，心理辅导教师在学生心理健康教育中具有不可替代的作用，他们对贫困大学生给予足够的人文关怀，进而提高其在校园中生活的积极性和综合的素质能力。

综上所述，综观我国高校，大学生的学习具体开展状况能够了解到，我国高校对于大

学生的教育和引导，比较关注的是学生的技能和知识掌握情况，很大程度上忽略了心理健康问题。所以，本节也重点探讨心理健康服务，在贫困大学生心理引导上所起到的作用，并且针对其中存在的问题，提出了解决的对策，希望能够发挥出心理健康服务的优势，以此为贫困的大学生心理问题改善提供最大的支持。

第六节 同性恋大学生的心理健康教育问题

近年来，同性恋大学生的心理健康问题一直备受关注。处于校园边缘地位的他们，受自身和外界多重压力的困扰而产生不同程度的心理问题，这不仅阻碍了他们的健康发展，甚至还会引发自残、伤人等极端校园恶性事件。加强同性恋大学生的心理健康教育显得尤为重要。本节论述了社会对同性恋的认知和态度，分析了我国同性恋大学生的生存现状，并就高校加强同性恋大学生的心理健康教育提出了对策建议。

随着科技发展、社会进步以及人们认知水平的提高，同性恋已逐渐被大众理解接受，不再认为这是精神病和犯罪，亦无关道德，但同性恋者仍旧是社会弱势群体，还急需社会的关心和帮助。在同性恋群体中，存在着相当数量的大学生，他们一方面要面对来自家庭、学校、社会、心理等方面的诸多困扰，另一方面时常会受到在同性恋人情感关系中带来的伤害，思想不够成熟的他们容易产生自残、伤人等行为，对此，高校应加强同性恋大学生的心理健康教育，正确科学地进行宣传与引导，为同性恋大学生营造和谐的校园环境。

一、同性恋的定义

同性恋是指一个人在性爱、心理、情感上的兴趣主要对象均为同性别的人，无论这样的兴趣是否从外显行为中表露出来。那些与同性产生爱情、性欲或恋慕的人被称为同性恋者。同性恋（homosexuality）这个词是由一名德国医生 Benkert 于 1869 年创造的。这个词描述的是，对异性人士不能做出性反应，却被自己同性别的人所吸引。

二、我国社会对同性恋的认知和态度

社会对同性恋的认知和态度的发展历程。同性恋现象在我国古代史籍内存在着大量记载。早在商朝，就有"比顽童"一词出现，随后有弥子瑕与卫灵公"分桃而食"、龙阳君为魏王"拂席而枕"、汉哀帝惜董贤"断袖之癖"等典故，宋、明、清等史书也对当时同性之风大兴有许多相关记载，如《宋书·五行志》中提到，"……男风大兴，炽于女色，士大夫莫不尚之，天下咸相仿效……"等，由此可看出，中国传统社会对于同性恋行为是宽容的，且由于我国古代社会的家庭重生育不重感情，同性恋并不影响家族繁衍和家庭结构，所以没有受到太多道德苛责。

　　到了近代，我国社会对同性恋群体的态度发生转变，出现不理解甚至是敌对的情况。其中"文化大革命"时期极具代表性，在这期间，凡是被揭露出来的同性恋者，都受到了严酷的对待，轻者批判审查，重者殴打致死。随后社会对同性恋的歧视观念持续加深，我国司法机关在 1987 年曾就同性恋的法律地位做出申明："由于同性恋违反社会公德，扰乱社会治安，影响青少年身心健康，确属犯罪行为。"同性恋者在那时受到了极大的非议和不公平的对待。

　　时至今日，社会舆论也越来越理性、宽容，但并不是每个人都能够真正理解同性恋的心理，仍有一些群体和个人对同性恋抱有偏见和歧视，同性恋的生存环境还有待改善。

　　我国当代大学生对同性恋的认知和态度。据近期一份在大学生中进行的调查研究报告显示，所有被调查者都知道同性恋，但能正确理解同性恋含义的人占 41.5%，不太明白同性恋含义的人占 27.0%，认为"容易对同性产生好感、喜欢与同性亲近的就是同性恋"的人占 31.5%。另外，有 89.3% 的同学希望进一步了解同性恋相关知识。从总体上看，知识水平层次较高的大学生，对于同性恋的态度普遍是理性的，且女大学生比男大学生态度要更为宽容，理科大学生对同性恋的认知情况也明显好于文科、工科的大学生。

三、我国同性恋大学生的生存现状

　　如今的大学校园，思想较为活跃开放，有不少同性恋学生已勇敢"出柜"（指同性恋者和双性恋者公开性取向，以及跨性别者当众公开自己的性别认同），但更大一部分的同性恋学生则选择隐藏在现实生活中，在虚拟的网络平台上释放天性。同性恋论坛、QQ、微信，以及 Blued、赞客（Zank）等针对同性恋群体开发的社交应用软件成为同性恋大学生群体互动的最主要平台，他们在网络上公开自己的性取向，以此向现实社会做试探。而在实际生活中，他们仍面临着各方面的压力，承受着这个非主流身份带来的困扰。

　　同性恋大学生对自我身份的认同。自我身份的认同，归根结底是在回答"我是谁"？性社会学家李银河曾推测，中国的同性恋者占成年人口的 3% ~ 4%，而同性恋者明确自己身份的一个最重要时期是在大学。据调查统计，同性恋大学生对自己的身份普遍存在以下几种观点：有的认为同性恋是罪恶，内心上有犯罪感和负疚感，希望能改正自己的不良倾向；有的认为同性恋是病，他们渴望通过心理咨询或医学治疗来恢复健康；有的认为同性恋和异性恋一样，是自然正常的性取向，他们接受并认同自己的身份，有些甚至敢于公开。

　　由于大学生的知识水平层次较高，对于同性恋的认识也较为全面，因此他们中大多数持有的是第三种观点，即大学生同性恋者拥有高度的自我认同。但即便如此，他们依旧从内心恐惧暴露自己的身份，采取自闭消极的方式对抗，同时又对同性恋群体能彻底被主流文化接受抱有希望，渴望得到同学、老师、家人、朋友乃至社会的理解和支持，这种矛盾冲突使得他们表现出隐秘、消极、不信任和割裂式自我认同等特征。

　　同性恋大学生面临的各种外界压力。同性恋大学生们的生活表面看似平静，但他们大多数人在承受自身的心理负担外，还面临着来自家庭、学校、社会等环境的各种压力，他们害怕辜负父母的期望，恐惧来自身边群体的歧视，更因尚不宽容开放的社会环境而对自己的未来感到彷徨迷惘，自卑、自嘲、自病和自弱等情感日积月累，心理健康状况令人担忧。

有调查报告显示，同性恋大学生在日常学习、人际交往、社会工作、参与活动以及毕业就业等方面均表现不佳，存在诸多困难，这说明许多同性恋大学生因承受周遭环境的压力，缺乏良好的心理健康状态，不能把精力更好地投入于学习和生活中，导致成绩落后、生活脱节和就业困难等。

四、高校加强同性恋大学生心理健康教育的对策

在当今社会仍较不认可同性恋的大环境下，同性恋大学生的身心健康发展均不被重视，使得原本处于边缘化的他们更容易走向极端，给校园和社会带来不良影响。为此，高校应注重对同性恋大学生的关怀和教育，为他们营造健康和谐的生存空间。

高度重视大学生同性恋问题。大学阶段是同性恋者发生身份认同的集中期，相比于社会上的同性恋，当前大学生同性恋群体的生存状态更值得被关注。而高校作为同性恋大学生学习生活的主要场所，在教育管理中应高度重视该群体，不是流于形式，而是真正做到时常给予人文关怀，提供及时、有效的帮助和服务，促进他们健康地成长、成才，从而保障高校校园的和谐与稳定。

营造宽松、和谐的校园文化环境。研究发现，同性恋者的心理失衡多是由环境原因造成，尤其是来自周围人群和社会舆论的压力。开放宽容的校园氛围对同性恋大学生保持良好的心理健康状态有极其重要的作用。高校应加强大学生性健康教育，传递科学的同性恋知识，帮助大学生获得正确的认知，理性地探索和接受自己的性取向，学会尊重不同于己的人群，也防止个别学生因赶时髦而尝试同性恋。同时，同性恋知识的普及也应面向高校教育工作者，以减少来自师长和同辈的偏见、歧视甚至伤害。另外，由于同性恋群体是性病、艾滋病的高发人群，高校应重视生理卫生和疾病预防知识的宣传，树立同性恋大学生的自我保护意识，减少因无知带来的伤害。此外，高校还可借助互联网媒体发布一些正面积极的内容，肃清不健康的内容，营造一个宽松文明的舆论环境，帮助同性恋大学生树立自信，以更好的状态投入到学习生活中。

加强心理健康教育与辅导服务。高校思政辅导员作为大学生教育管理的一线工作者，首先应对同性恋学生有客观正确的评价，在接触中保持尊重、真诚、公正的态度；通过日常观察、心理普查、聊天访谈等方式尽可能了解所带学生中同性恋者的情况，对该部分学生积极关注，时常关心，以缓解他们的心理压力，在发现他们陷入困境时，有针对性地实施心理辅导，提供帮助。

另外，高校大多设有心理咨询室，但许多学生对心理咨询的误解使得心理咨询室未能发挥应有作用，对于同性恋学生更是如此。因此，高校应强化心理健康中心职能的宣传，

加大普及力度，让同性恋大学生在遇到挫折或压力过大时能主动寻求心理咨询等帮助，以缓解负面情绪，重建自信，融入大学校园生活，为他们走向社会奠定良好基础。

建立系统、高效的危机干预体制。目前，同性恋大学生一直承受着自身心理和外部环境带来的压力，容易产生抑郁、焦虑和痛苦等不良情绪，另外，还存在因缺乏稳定的恋爱关系而造成突发性情感受挫等可能，这些情况如果没有及时进行有效的纠正和干预，极易引发高危隐患，甚至出现自残和伤人的恶性事件。因此，高校在利用专业心理咨询服务实施干预的同时，也应健全及时、高效的危机干预网络，综合预防同性恋大学生心理危机事件的发生。

促成已公开身份学生家庭的配合教育。任何教育，都离不开家庭的支持与配合。目前，少部分同性恋大学生尝试向父母公开了自己的性取向，以缓解部分心理压力，但事实上大多得不到家庭的尊重与支持，生存状况反而更加恶劣。针对这一部分学生家庭，高校应在可行范围内积极与之沟通，帮助家长正确认识同性恋，引导家长接受孩子的性取向，重塑家长对孩子的信心，促使其与学校积极配合，共同做好教育工作。

今天，中国社会已经开始接受同性恋的存在，也不断有公众人物表明了他们的同性恋身份，并获得了社会的尊重。鉴于此，作为高校思想政治教育工作者，更应该关注身边的同性恋学生群体，呵护他们的秘密花园，为他们的成长保驾护航，让他们在一个相对宽松的环境里，更专注于自身文化知识水平和职业技能水平的提高，塑造一个更精彩的人生。

第五章　新时期大学生积极心理学教育的预防与干预

第一节　积极心理学与大学生心理健康教育

积极心理学是心理学领域发展的重要突破，它强调了人类积极性格的塑造和作用，主张普通人建立积极的心态，以促进个人的进步和发展，为社会和谐发展做出贡献。积极心理学从研究原则上重视人的积极品质，避免了心理研究总是趋于负面问题讨论的传统思路，使心理研究能够为普通人的积极健康和生活服务。因此在大学心理健康教育中，积极心理学显示出其独特的优势和特点。

一、积极心理学在大学生心健康教育中推广的意义

在当前的大学心理健康教育中，仍然以传统的心理疾病预防和矫正为主要的教学目的。一方面造成学生对心理健康教育形成抵触情绪，另一方面也不利于心理健康教育的广泛开展。而积极心理学对于普通学生有着一定的教育和宣传价值，对于促进全体学生积极健康心理的培养具有重要意义。

（1）积极心理学为大学心理健康教育重新设定了目标。普通个体在学习和生活中，即使心理健康上没有出现明显的问题，但是其他方面的原因可能导致学生的意志和心理长期消沉，对于其学习和发展造成不利的影响。而传统的心理教育没有对相关的问题进行充分的重视和研究，导致大学心理健康教育存在不合理的问题。对此积极心理学主张对于普通人应建立积极预防的心理健康教育体系，促使学生能够在正常生活中感受自身的价值，促进学生积极心理的培养，使学生能够主动挖掘自身的闪光点和潜力，促进学生综合素质的提高和发展。

（2）积极心理学充实了高校心理教育的内容。在传统的大学心理及健康教育中，学校和教师关注的重点都是心理可能存在异常的学生，导致学校的心理健康教育无法对其他多数学生造成约束和影响。积极心理学增加了心理健康教育的目标和途径，促使学校的心理健康教育关注的学生群体更加多样和全面，促进所有学生积极心理和健康生活方式的养成，

为学校的心理教育拓展了教学目标和教学内容,使高校的心理健康教育能够更有效地施行。

(3)积极心理学是大学心理健康教育的创新。在传统的心理健康评价体系中,往往注重对学生负面情绪和心理的排查和调节工作,导致学生可能受到教学内容长期的暗示和影响,在心理上出现波动和变化。积极心理学创新性地提出为全体学生树立积极的心理观念,促使学生接触到的心理教育内容更加多元,有效克服负面情绪,使自身的心理健康状态得到提升。

二、积极心理学在大学心理健康教育中的应用策略

(1)增加学生在积极心理上的体验。人的心理容易受到周围环境和其他人的自身行为的影响而产生微妙的变化。对此,在大学心理健康教育中,教师应该充分运用心理暗示这一特点,增加学生的积极心理体验,以促进学生在心理上保持积极主动。例如在课堂教学中,教师要多举一些积极的生活实例,保持课堂氛围的轻松愉快,促进师生之间的平等和尊重等,使学生获得轻松愉快的学习体验,并为学生的积极学习和生活提供动力和帮助。除了心理和行为上的暗示,教师还应该教会学生有效克服心理消沉的方法,消除学生内心的焦虑,减轻学生的心理压力,促使学生以积极的方式调节自身的负面情绪。

(2)通过高校环境对学生的心理状态进行调节和暗示。学生的心理状态和周遭的生活大环境有着密切的联系,因此学校和教师应该注意对教学环境的构建,促使学生在大环境中保持积极进取的态度。此外,学生较高的环境适应性也是其心理调节能力的重要体现,对此学校要对刚入校的学生给予特别的关注和引导,促进新生养成积极的学习和生活心态,为学生在学校的长期积极发展奠定基础。在高校生活中,集体主义文化是学生必须面对的问题,一些学生乐于在集体活动中找到自身的价值和定位,从而保持积极的心理状态。部分学生则可能对集体活动保有抵触情绪,在活动中感到不自然,使自身的学习和生活更加焦虑。对此学校和教师应该谨慎制订集体活动计划,使不同的学生能够在活动中找准自身的定位,在校园活动中保持积极的心态。为了提升大学环境对学生心理的暗示和影响力,学校和教师可以从以下几方面进行参考。例如通过营造积极的校园文化对学生的心理进行影响,促使学生不断正视自身的状态,控制和培养自身的情绪。其还可以促进学生和校园、社会、家庭等多元环境保持密切的联系,使学生能够在不同的环境中实现对自身情绪的及时改变和调节,使学生的学习压力和焦虑得到及时的宣泄,提升学生积极的情感体验和自控能力。

积极心理学对大学生心理健康教育有着重要的影响,一方面其改变了传统的教学思路,另一方面也改变了教学的具体内容和目的。对此学校和教师应该对大学心理健康教育进行更详细的研究,促进相关教学质量和效率的提升,促进学生健康心理的培养和发展。

第二节　基于积极心理学的大学生心理品质培养体系的构建

积极心理学作为心理学科中的分支，主要从积极的角度来深入探究人们的心理健康情况，当前已经成为心理学主要的发展趋势。从积极心理学的角度出发，如何研究大学生群体的心理健康情况也有了新的方向，将传统模式中针对大学生心理问题实施的主动干预逐步调整为通过积极心理疏导的模式。本节就基于当前积极心理学的发展情况，深入探究大学生群体的心理健康情况，提出构建大学生积极心理的培养方案。

随着教育水平的不断提高，越来越多的高校将目光转移到学生的心理教育之上。如何有效地引导大学生构建起积极的心理体系，不管是对于高校培育高素质人才，还是对于学生自身的心理发展甚至是社会的进一步前行都具有实际意义。积极的心理素质能够经由后天培养而来，经过不断的训练可以让大学生逐步构建起积极的情绪管理体系、认知评定体系以及积极的行为管控体系。将积极心理学有关的理论知识添加到高校大学生心理教育之中，能够突破原有的心理教育模式，解决消极干预的问题，确保大学生能够培养起优秀的心理素质体系，真正达成大学生心理教育的目标。

一、积极心理学的基本内容

（一）研究积极情绪

积极心理学主要研究积极的心理情绪在人们日常生活中发挥的效用。从积极心理学角度来说，消极的心理态度可以看作人们面对外界危险构建起的第一道警戒线，其会将人们带入战斗状态，由此来打破或远离危机。反观积极的心理态度，则会拓展人们的眼界，提高自身对外界的包容程度以及自身的创造水平，能够让人们拥有更加健康的体魄，获取更加优质的人际交流，例如说兴趣的产生会引发探索全新信息的动力，同时也会让人们产生向前发展的期望；满意的产生会让人们认可当前的生活环境，同时还会将此环境同自身和社会中的全新论点进行有机融合；自豪的产生会让人们渴望将此情绪同他人分享并期望在未来谋求更大的成功；爱的产生会让人们出现同爱的对象一起生活并探索全新世界的想法。

（二）研究积极人格特质

积极的人格特质作为积极心理学中最为基础的部分。在积极心理学之中，主要探究了多达24种积极的人格特质，其中涵盖乐观、自信、成熟的防御体系等。而最为核心的特质有勇敢、仁爱、智慧、正义、节制以及精神卓越等。在积极心理学当中，将幸福的产生归结为人们可以找寻出自身的优点和积极的人格特质，同时还可以在日常生活中展现出来。

（三）研究积极组织系统

积极心理学之中也将主要的研究方向集中在社会文化背景方面，认为社会文化背景同心理素质、人格特质、创造水平、情感态度以及心理治疗有着密切关系。一个积极的组织体系包含有积极的子系统，其中积极的小系统涵盖着稳定的社区关系、高度负责的社交媒体、良好的家庭环境以及教育水平较高的学校；而积极的大系统则包含民众具有的责任意识、道德水平等。积极心理学当中还探究了产生天才的外部条件、创造水平发展同人们幸福生活指数的关系。

二、构建大学生积极心理品质培养体系

（一）培养学生积极的情绪体验

积极心理学当中一个主要的研究方向便是积极的情绪体验，主要将能够引发个体出现接近性行为或者行为倾向的情绪都划归为积极情绪，表现为个体对过去回忆的满足并幸福地享受现在，同时对未来持有乐观期望的心理。（1）培养大学生群体的主观幸福感，哈佛大学的导师沙哈尔就提出幸福的产生应当是快乐同意义的深度融合。使得学生可以在日常活动中找寻幸福，享受幸福，分享幸福，最为核心的便是在普通生活中挖掘出生活的意义。（2）强化大学生对于自身情感态度的调节水平。著名的心理学者 Gross 在发表的情绪调节理论中就着重强调了外部环境对个体心理产生的影响，同时也对环境选择、情境调整给出指导方案。因此大学生应当主动去搭建起能够引起积极情绪的外部环境。（3）认知作为个体情绪体验中相当关键的要素，差异化的个体在应对相同的环境刺激时，即使认知能力相同也会出现不一样的情绪体验。

（二）培养学生积极的人格特质

积极心理学的目标主要是探究并培养个体的人格特质和积极的心理素质。（1）训练学生构建起积极的思维方式，树立积极的心理品质。将积极心理特质的养成提高到比消极心理特质在应对困难时更加核心的位置，整体来看属于一种逆向思考的模式。从相互的讨论交流中培育起积极向上的思维模式，潜移默化地让学生将优秀的人格特质划入自身心理体系之中。（2）从三观等方面专门培育学生积极的心理特质，例如在培养积极的价值观时，学校可以组织相关的性格活动，清晰地将性格特质进行分类并确定相应的性格词语，将其制作成海报张贴在校园之中。此外还应当按时在校园通信网络中讲解性格词语和对应的意义。教师和学生针对这些性格特质和实际应用进行探讨。（3）将"爱"作为起始点，培养并提升学生积极的心理素质，强化实践能力。可以利用感谢信或者爱心救援等活动来让学生树立积极的心理特质。

（三）构建积极的心理健康组织系统

积极的社会组织也是积极心理学中较为重要的一环，它不单单是培养人格特质的基础，

还是个体出现积极体验的本源所在。积极的社会组织涵盖有国家、企业、家庭以及学校等诸多方面，其在学校中主要发挥的作用为构建优质的教学氛围。根据有关研究结果可以发现：大学生获取认可和支持最多的渠道是来源于家人和朋友，而教师的认可普遍较少。积极心理学当中主要提出搭建积极的外部环境以及积极的组织体系，不仅包含有积极的个人环境，还有积极的组织体系等，一个稳定的组织系统也是大学生心理能否健康发展的关键所在。（1）构建起学生发展的积极环境，将个体、家庭、校园以及社会有效结合起来，构成多维的互动模式。（2）制定出从家庭到校园再到社会组织的学生培养方案，主要包括个体情感、内心独白、爱心互助以及成果分享等，并让学生同家人和老师进行良好沟通。（3）真正将学生互助组织的效用发挥出来，架构出班级—班委—宿舍—同乡等学生关系结构。（4）对于支持体系来说，最为核心的是校园心理咨询组织，其应当有效完成学生的心理引导并给予相应的咨询服务，确保学生可以获取高质量的心理辅导。

（四）积极的心理干预策略

积极心理学还主张搭建起行之有效的心理治疗方案，将积极心理学的核心理论作为基础，构建起具体的心理治疗方案，强调心理治疗过程中个体应当将注意力投入在养成积极心理特质方面，主要是让患者通过强化自身的积极心理素质来突破心理疾病的束缚，或者防止心理问题的发生。（1）在校园中建立危险防范体制，将班级中班委、舍长以及党员群体作为核心，构建起心理危机的报警体系，利用积极心理学中的基本理论，将学生朋友的作用发挥出来，尤其是在心理危机警示方面发挥应有效果，主动关注个体的心理情况。（2）通过积极心理治疗的方案来完成心理咨询，比如说让个体尽可能享受美好的一天、完成祝福训练以及完成好事等活动。上述练习均需要个体深入思考并分析自身出现幸福情绪的事项，提高个体在面对积极事情的认知水平。（3）完成心理弹性的干预方案，其主要是建立在积极心理学之上，强化学生的心理弹性。可以有效调整学生的认知思维，并降低个体出现心理问题的概率。（4）发挥积极心理学辅导人员的作用，通过团队在情境之中的引领并辅助个体获取更加深入的心理体验。

综上所述，积极心理学作为心理学研究的新方向，它的工作目标体现了社会意义上的博爱和人性，是与人类发展的目标相一致的。我们深信，积极心理学理念指导下的大学生心理健康教育，将会极大提高大学生的心理健康水平，使他们过上更丰富、更有意义的生活。

第三节　基于积极心理学的大学生心理危机干预策略探究

以某高校心理普查中低年级到高年级大学生心理危机比例大幅提升的事实，反思当前大学生心理危机干预的问题与困境，从自身、家庭、学校和社会等层面全面、客观分析大学生心理危机问题的成因，力图构建基于积极心理学的大学生心理危机干预机制，为有效防止大学生极端心理危机事件的发生提供了创新思路。

随着社会的高速发展与进步，大学生心理问题呈快速增长趋势，各高校根据情况开展相应工作并建立多级防御机制，但实际效果并不理想。如何走出大学生心理危机的困境，基于积极心理的视角构建以培养积极心理品质为核心的心理危机防御机制能够有效推动培养大学生健康人格特质的教育进程，切实提高大学生应对心理危机的能力，有效防止大学生极端心理危机事件的发生。

一、大学生心理危机的现状及问题

心理危机是指个体在遇到突发事件或面临重大挫折和困难，当事人自己既不能回避又无法用自己的资源和应激方式来解决时所出现的心理反应。针对个体在危机状态出现的一系列负面情绪、生理、认知和行为反应，目前各高校按教育部要求成立专门的心理健康教育机构，配备专、兼职心理健康教师，对心理危机对象力图实现早发现、早干预的工作机制，但在实际操作过程中依然面临着许多困难和挑战。

（一）大学生心理危机现状调查情况

笔者使用 SCL-90 自评量表对某高校 5295 名大学生进行调查发现，一年级学生 1585 人中心理异常人数为 275 人，占测试总人数的 17.35%；二年级学生 1389 人中心理异常人数为 265 人，占测试总人数的 19.08%；三年级学生 2087 人中心理异常人数为 454 人，占测试总人数的 21.75%。存在心理问题的学生中，一年级学生最突出的症状依次为：强迫症状（40.50%）、人际关系敏感（36.50%）、焦虑（18.86%）、恐怖（16.59%）、其他（16.47%）；二年级学生最突出的症状依次为强迫症状（39.96%）、人际关系敏感（28.37%）、其他（21.31%）、焦虑（20.81%）、抑郁（19.01%）；三年级学生最突出的症状依次为强迫症状（43.65%）、人际关系敏感（31.34%）、其他（25.26%）、焦虑（24.77%）、抑郁（22.28%）。通过进一步分析发现，大学生普遍存在心理危机，三个年级的症状主要集中在强迫症状、人际关系敏感、焦虑、抑郁和其他等，且从低年级向高年级学生人数比例呈增长态势。

（二）大学生心理危机干预的问题与困境

1.心理危机人数呈不减反增态势

从某高校心理测试结果中可以看出，心理危机人数和症状从低年级到高年级呈增长态势。现在各高校都非常重视对大学生心理危机的干预，新生进校后就开展心理健康普查筛选工作，对心理异常学生建立心理档案并持续跟进，然而，大学生的整体心理健康水平并未得到显著提高，反而出现了心理危机人数呈增长态势。

2.过分关注个别学生及消极特质

以往大学生心理危机干预重点关注少数个别学生，主要服务对象为具有情绪困扰、行为失调、适应困难以及有自杀倾向的个体。为防止这类学生发生极端事件，往往把工作重心放在所谓问题学生身上，忽视对其他学生应有的关注与支持，然而，心理危机干预并没有抑制心理问题的滋长。

3. 心理危机干预机制流于形式

虽说各高校都做好了针对大学生心理危机的干预机制和预防措施，但基本处于消极被动、疲于应付的状态，好多后期跟踪都流于形式，没有真正起到对有心理问题学生的有力支持或援助，导致高校心理危机干预工作无法做到位。

4. 社会支持系统参与度较低

个体依靠自己的力量无法成功应对心理危机时，社会支持系统能够有效化解心理压力。大多数存在心理危机的学生普遍存在强迫症状、人际关系敏感、焦虑、抑郁等，大多数人都不善于主动寻求帮助。在缺乏必要的社会支持，得不到应有的帮助、关心和肯定时，必定会使学生在没有能力应对问题时产生更强烈的失败感，引发更严重的心理危机。

二、大学生心理危机的成因分析

随着社会转型与竞争的激烈，大学生心理危机日益凸显。面对问题和困难，很多大学生采取逃避的方式，上课玩手机、刷微信、沉迷于网络游戏，甚至逃学旷课成为填补空虚灵魂的寄托方式。要实现对危机对象早发现、早干预，必须深入研究大学生心理危机产生的成因，探索大学生心理危机干预的创新机制，使大学生在成长成才的路上健康发展。

（一）自身原因

从某高校心理测试数据中得知，大学生心理危机症状主要集中在强迫症状、人际关系敏感、焦虑、抑郁等问题，调查反映出相当一部分学生出现网络成瘾、自控能力差、人际关系紧张、不懂换位思考等问题，遇到问题缺乏求助意识，又不愿经历改变的阵痛，极易产生心理危机。

（二）家庭原因

任何一场危机事件背后均隐藏着心理危机，失败的家庭教养让孩子错失建立规则与自律的最佳时机，特别是父母感情不和、父母离异、单亲家庭的孩子及留守儿童更容易产生冷漠、焦虑、抑郁、敌对、恐怖等消极情绪，缺乏安全感，容易陷入严重失衡的心理危机状态中。

（三）学校原因

目前高校的心理危机干预体系重点关注具有强迫症状、人际关系敏感、抑郁、焦虑等症状的少数人，况且在实际操作中较难对其通过一两次心理辅导来达到促进人格塑造和心理潜能开发的咨询效果。由于大学生心理健康状态是个动态变化的过程，心理危机会出现越抓越多的状况，甚至衍变成心理障碍的推手。

（四）社会原因

通过某高校心理测试发现，因子分超过常模较突出的部分有三个：强迫症状、人际关系敏感、焦虑，这与价值观缺失、竞争压力过大、对未来考虑过多有直接关系。一旦情感和需求得不到满足，容易出现更严重的心理危机，甚至出现自残、自杀或伤害别人的行为，造成社会不稳定的诱因。

三、大学生心理危机干预的策略

从积极心理学的理论视角，把大学生心理健康教育课程与其他具有培育积极心理品质的课程整合到人才培养方案中，实现全员育人导师制贯穿人才培养全过程。充分利用家校合作的社会支持系统和大数据网络动态预警，构建对学生具有生命意义教育引导的多级预警防御机制，将关注重心倾向于培养具有积极乐观心理的学生，增强大学生心理危机的防御能力，努力寻求减少与化解大学生心理危机的策略，从而有效提升大学生心理危机干预的主动性和实效性。

（一）目标与定位

将心理危机干预重点放在心理健康群体和心理危机个体良好的心理状态方面，用积极的心态解读心理现象，激发其内在的积极力量和优秀品质，加强对学生具有生命意义的教育与引导，对学生进行健康人格特质的培养，从某种程度上增强学生的自信心、主观幸福感，帮助个体成长和自我实现，构建积极向上的育人环境，这也是心理危机干预的有效途径。

（二）内容与要求

把培养个体积极乐观的态度，塑造健康人格的内容体现在人才培养方案的课程体系和心理辅导中，激励以人为本身的积极因素，通过开发人的潜能，激发人积极的心理力量，让其学习方式和生活方式、思维方式都发生一定的变化，培育出个体积极的心理品质，让个体拥有健康平和的心理状态和合理的思维模式，促进大学生群体的身心愉悦和健康成长。

（三）方法与途径

1.构建心理危机"四级"预警防御体系

为了及早预防、及时、有效地干预并快速控制心理危机突发事件，要建立健全学校心理中心、院系心理辅导站、班级心理委员、宿舍联络员四级预警防御体制。实施异常情况逐级汇报制度，完善应急处理预案，建立应急处理快速通道，形成信息搜集、评估、反馈、防治的心理危机干预机制，降低、减轻或消除可能出现的对他人和社会的危害。

2.思政与心理危机干预联动的"三观"正向引导

世界观、人生观和价值观统称为"三观"。大学生处于塑造"三观"的关键时期，学校应充分利用思政课程贯穿所有学期的契机，加强对学生的"三观"教育，培养学生平和的心态、乐观的性格、坚毅的意志品质、豁达的人生态度与正确的自我归因，帮助危机中的个体走出困境，提高其心理健康水平，塑造健康人格，为他们的健康成长奠定坚实的思想基础。

3. 人才培养方案与全员育人课程整合的生命教育辅导

在大学生心理健康教育、大学生性与心理健康、大学生职业生涯规划、大学生安全教育、大学生思想政治教育等课程中加强对生命意义教育的引导，培养学生健康的人格。人才培养方案与全员育人导师制实现无间隙的课程整合，培养大学生积极的心理品质、积极的人格特质、积极的情绪体验和积极的生活态度，通过个体自身的积极力量来面对生活中的问题，提升个体心理健康水平。

4. 构建基于社会支持系统的家校共同体提升学生积极心理品质

良好的家庭、学校和社会环境能够提供积极的心理氛围，面对突发事件能够有效地引导学生积极乐观地面对挫折，帮助学生解决心理上的困惑和烦恼，从而激发自身内在的积极力量和优秀品质，有效预防心理危机。

5. 捕捉基于大数据的心理危机信息网络动态预警

信息技术的普及和发达使电脑和手机变成大学生必需的学习和生活工具，学生在门禁系统、图书管理系统、食堂用餐管理系统、学生考勤系统、学生学籍管理系统、微信、微博、QQ、网络购物等活动中产生很多反映包括个性、情绪变化的实时心理资料，这种方式提供了一种网络动态预警机制，为分析其是否需要进行心理危机干预提供更精确的依据。

总之，大学生心理危机干预中引入积极心理学，建构培育积极乐观态度和积极心理品质的心理危机干预机制能够有效防止大学生极端心理危机事件，构建美好和谐的校园。

第四节　浅谈积极心理学视野下的大学生心理健康教育

目前，大多数教师在开展大学生心理健康教育活动中通常采用这样一种模式：介绍某一种心理问题，分析该问题的定义与危害，并总结克服该问题的方法，这明显偏离了激发学生积极心理素质的子目标。

一、积极心理学视野下的大学生心理健康教育优势

（一）拓展学生心理健康教育知识视野

开展积极心理学视野下的大学生心理健康教育活动，从正向角度激发学生的积极心理因素，有助于引导学生了解阳光心态和积极情绪，如乐观、自信、自律、内省、谦虚等，从而有效拓展学生心理健康教育知识视野。学生在学习积极心理因素的同时会逐步消除自身与心理健康教育课程的隔阂，将关注负面心理因素的倾向转移到激发个人潜能与培养健康积极的心态领域。

（二）创新大学生心理健康教育方法

开展积极心理学视野下的大学生心理健康教育，有助于弥补传统教育模式的缺陷，创

新大学生心理健康教育方法。目前，很多教师在开展积极心理学视野下的大学生心理健康教育过程中，为学生组织了各种有趣的体验活动，如"信任背摔"游戏、"安全防卫"游戏，从而有效培养了学生之间的信任感，增强了学生的安全意识和学生的责任感。

（三）奠定社会人才教育基础

从发展视角来看，大学生心理健康教育属于一种长远性教育活动，塑造学生积极健康的心理素质有助于大学生实现个人价值，从而为培养社会发展所需要的人才奠定良好的基础。而且，积极心理学主张以人为本，提倡积极人性，强调关注人的积极心理因素，发展人的潜能。在这一系列主张的引导下，学生很容易形成积极健康的心态，步入就业岗位之后，他们能够积极应对各种压力与问题。

二、积极心理学视野下的大学生心理健康教育方案

（一）发挥积极心理因素，增强学生的自控能力

基于积极心理学视野，顺利开展大学生心理健康教育活动，教师应充分发挥与挖掘学生的积极心理因素，不断增强学生的自控能力。在教育过程中，教师应尊重学生的兴趣爱好与个性天赋，引导学生在发挥个人优势的同时潜移默化地增强自控能力与自律意识，学会自省。此外，教师应注意进行必要的引导，告知学生：一个人自控能力的强弱体现在其有意识或者无意识地在日常活动中和工作中表现出的习惯上。所谓的"自控能力"特指一个人善于自我支配和自我调节的能力，它是个人对自身的心理和行为的主动掌握，是个体自觉地选择目标，在外界没有监督的情况下控制自己的行为，抑制冲动，抵制诱惑。这样有助于有限地培养学生的自控能力，教导学生恪守规范与道德行为。

（二）引入故事，提升课堂活力

提升大学生心理健康教育乐趣，培养学生对该课程的学习兴趣，教师应注意创新教学方法，适当引入经典故事，以此提升课堂活力，让学生在快乐学习中形成良好的心态。例如，在解析"谦虚"这一美德的同时引入科学家爱因斯坦的故事，爱因斯坦曾经为一个夸奖他学识渊博的人画了一个小圆和一个大圆，接着说："在物理学这个领域里可能我比你懂得知识略多一点，正如这个小圆。然而，物理知识是无边无际的，小圆的周长有限，与外界的接触面较小，而大圆与外界接触的周长大，所以会感到自己的未知东西更多，就会更加努力地去探索。"这个故事说明谦虚好学、虚怀若谷才能容纳真正的学问和真理，不断完善自我，获取成功。

（三）做好正面引导教育工作，完善心理健康教育评估体系

全面提升积极心理学视野下的大学生心理健康教育效果，教师应做好正面引导教育工作，引导学生树立自信心，逐步形成乐观、健康的心态。与此同时，教师应注意完善教学模式，努力实现心理健康教育多元化，促进该学科与其他学科的有机结合，从而有效提高

教育效果。例如，促进心理辅导和文化教育工作以及德育工作的有机结合，以此培养学生健康的心理，提高学生的文化素养和品德修养，引导学生逐步形成正确的价值取向，将学生培养成有文化、有道德、有理想、有纪律的"四有公民"。此外，教师应重视完善心理健康教育评估体系，从微观层次来分析，大学生心理健康教育评估主要包括心理辅导教育、心理活动体验教育和心理辅导组织管理的综合评估。在评估过程中，教师应全面了解学生的具体问题与兴趣爱好，然后，针对具体问题予以疏导教育，根据学生的兴趣爱好进行正确的引导，发扬学生的优点与天赋。一个月之后，教师可以对学生进行心理测试，并根据测试结果，进一步完善大学生心理健康教育评估体系，以此提高学生的心理健康素质。同时，教师可以定期开展体验式心理活动，如"阳光心理活动""心理信箱""校园心语"等，引导学生自行创办关于大学生心理健康教育的墙报、画廊、手册与板报等，使学生在参与心理健康教育活动的同时逐步形成积极、乐观的心理，并针对体验式活动效果做好评估工作。

综上所述，做好积极心理学视野下的大学生心理健康教育工作，塑造学生积极、健康、乐观的心理品质，教师应充分发挥积极心理因素，增强学生的自控能力；适当引入有教育意义的故事，以此提升课堂活力；全面做好正面引导教育工作，不断完善心理健康教育评估体系。

第五节　积极心理学视角下的大学生心理健康教育探索

积极心理学这一概念最早出现在 20 世纪末的西方心理学界，从 80 年代开始，我国高校的心理学教育就开始运用这种教学方法。积极心理学视角下，应该注重人的人格培养和情感体验，大学生心理健康教育是为了及时矫正其心理问题，引导其走向正常的生活与学习道路，所以，将积极心理学引入大学生的心理学教育中十分必要。

积极心理学兴起于 20 世纪 80 年代的美国。当时，美国兴起了以研究人的品质为目的的一场运动，一些美国心理学家将积极的心理因素如快乐、幸福、乐观等作为研究的切入点，将人的良好品格和积极的态度作为心理学的研究重点，这就是积极心理学兴起的背景。积极心理学的研究的创始人是美国当代著名的心理学家马丁·塞利格曼、谢尔顿和劳拉·金他们认为："积极心理学是致力于研究普通人的活力与美德的科学。积极心理学主张研究人类积极的品质，充分挖掘人固有的、潜在的、具有建设性的力量，促进个人和社会的发展，使人类走向幸福。"从某种程度上来讲，对人们行为有创造性的、积极的、满足的因素进行的研究就是积极心理学研究。

积极心理学的对立面并不是消极心理学，心理学本身的研究范畴就是一种偏中性的态度，与快乐与悲伤没有关系，积极心理学只不过是对消极心理学研究的一种补充，在传统的心理学研究领域，对消极的心理现象研究较多，但是，在现代社会中，人们的生活节奏越来越快，物质生活不断丰富，但精神世界却在逐渐空虚，心理问题不断涌现，人们更多地在追求精神上的幸福感以提高生活的质量，所以，在这种形式下，积极心理学的研究显得尤为重要。从目前研究的范围来看，积极心理学的研究领域一般有三个方面，第一是从个人的主观感受出发，研究他们主观意识中的幸福感、满足感，对过去和现在幸福的比较分析；第二是研究个人能力，一般是个人的工作学习能力、看待问题、分析问题的能力、爱的能力以及对未来的洞察力等；第三是从社会层面进行分析研究，人生活在社会中，要有积极的心理首先得建立积极的家庭、学校和社会环境，这样才能有助于人的健康发展。

一、积极心理学的特点

积极心理学主要是提倡人们要有积极的生活态度和心理状态，它关注人优秀的品质、健康的心态，从客观的角度研究人的优点，并能用客观的心态去看待遇到的问题，不断激发人类潜在的积极特质，赋予他们不断前进的动力，最终让他们感到幸福。在关注人类优秀品质的同时，人的价值和生存发展方向是关注的重点，它将心理学传统的关注重点转向积极的一面，体现出更多的人文色彩，不断提升人自身的价值。在研究的同时，科学的研究方法是积极心理学研究的重要手段，所以，科学性也是积极心理学的一个重要特点。

二、积极心理学的作用

在传统的认识过程中，心理学是针对心理有问题的人进行的研究，但这只是片面的看法，普通的人的心理也需要被关注，他们也需要更好的心理状态，积极心理学就具有积极的增进功能，它能够刺激人的兴奋状态，让人们不断被积极快乐的东西所吸引，从而不断培养幸福感和满足感，让人们生活得更加幸福和快乐。预防是心理学研究的一个重点，更是积极心理学关注的一个方面，心理疾病的产生正是因为疾病发展前期没有注意该问题导致病情的集中，所以预防心理疾病是关键，积极心理学还有积极的预防作用，如果当事人了解积极心理学的内容，在遇到问题之前他就会想积极的一面，也能及时客观地解决问题，而不是一味消沉和抱怨，影响心理疾病的治愈。在出现心理问题之后，积极心理学有积极的治疗作用，它能够不断地培养病人树立乐观的生活观念，掌握人际交往的技巧，乐观地看待问题并冷静地处理，不抱怨过去，努力改变现状，积极地面对未来。在心理疾病诊疗的过程中，诊疗成功的患者大都是根据积极心理学的方法痊愈的，而且一般都没有后遗症出现。

三、我国大学生心理健康教育中的积极心理学研究现状

我国高校心理学专业对积极心理学的研究颇早，至今也有二三十年的时间，尤其是最近几年，随着高校对心理学的重视，积极心理学的研究也取得了很大的成果，在解决大学生心理问题上做出了突出的贡献。但是，即使研究有一定的成果，在现实大学校园中，仍

然存在着很多问题，尤其是有心理疾病的大学生做出的一些恐怖行为给现在的积极心理学教育带来了考验。

（一）大学生心理健康教育的目标不一致

心理学是一门中性的学科，没有好坏之分，但是从我们认知的角度来看，心理学的研究范畴又分为积极心理学和消极心理学，消极心理学是在有了心理疾病之后对其进行治疗和干预，而积极心理学主要起到一个防范和引导的作用，为了让人们的心理状态呈现最佳状态，让人们的潜力不断得以开发，生活更加幸福，如今的高校心理学教育更加偏向于消极心理学的教育，目的是治疗已经有心理问题的学生，这种心理学的教育方法直接忽视了学生的心理发展过程，对学生的心理需求不重视，缺乏积极的引导。

（二）大学生心理健康教育偏重医学研究

从我国高校开设心理学课程以来，在解决大学生心理问题方面取得了不小的成就，对促进大学生的心理健康有一定的积极作用，但是因为传统心理学教学目标的问题，消极心理学成了心理学教育的重点，所以，高校教育者都将教学的重点偏向于问题心理的研究上，比如焦虑、忧郁、自卑等情况，教育的对象也是仅仅限于在有心理问题的学生身上，只是对他们出现的问题进行研究分析，不去过多地关注他们心理的发展过程和未来发展情况。在课程设置上，大部分高校的心理健康教育学都采取选修课的形式，或者以简单的讲座形式，在心理辅导过程中，也是个别的诊疗式方法，讲座内容多是针对消极心理问题展开，在讲授的过程中会渲染消极心理的危害性。心理学的教学体系也不够完善，没有完整科学的知识体系，势必会让教师和学生更多地关注消极的心理或者不健康的心理状态，而忽视了积极的心理因素，这种干预性的教学方式不利于学生心理的积极发展。消极心理学的教学模式直接否定了心理学的中性特质，忽视了人更需要的积极心理因素的引导，过多地注重医学层面上的"治疗"，而忽视了对心理问题的预防和积极引导，积极的心理学更应该关注学生优秀品质的培养，而不是去改变现有的品质特征。

（三）大学生心理健康教育对象有限

目前，高校的心理学教育关注点在消极心理学方面，研究的理论基础也是消极的心理学，他们通常认为只有消除心理疾病就是健康的象征，但是从心理学的角度来看，仅仅是没有心理疾病并不代表就有健康的心理状态。所以，心理学教育较少地关注学生本身的心理状态，尤其是多数学生的心理现状。在具体的操作中，高校的心理健康教育很多情况下处于被动的状态，他们几乎不会主动去引导学生，而是等有问题的学生寻求帮助，再进行针对性的诊疗，这种单一性的救助方式并不能让学生具有主动解决心理问题的能力，他们更不知主动去寻找勇气、乐观、幸福等积极的因素的方法，大学心理健康教育学的局限性，使大多数学生并不能从中学到积极的东西，甚至达到了谈"虎"色变的地步。

（四）大学生心理健康教育学师资良莠不齐

目前，高校中心理健康教育学师资队伍良莠不齐。一个原因是教师数量不足。普通高校心理学教师的数量较少，而且专业的心理学教师更少，尤其是在一些工科院校更是如此，很多学校都让学生辅导员承担心理学的教学责任，在入职筛选中，他们会尽量选取有心理学和教育学背景的应聘者担任辅导员，但是这些教师在成为辅导员之后，由于工作大都比较繁重，所以只有很少的人会关注每个学生的心理状况。另一个原因是高校的心理学教育处于一种孤立无援的地步，只有极少数教师在进行学生心理问题的解决，其他的教师或者家长、社会都对学生的心理问题漠视，通常情况下他们根本发现不了学生心理存在的问题，所以，亟须建立完整的心理学教育体系，让每个人都关注心理问题，而不是把责任推给仅有的几个心理学教师。

四、对大学生心理健康教育中积极心理学的探索

（一）建立清晰的积极心理健康教育学的目标

高校应该转变心理健康教育学的教学目标，将之前的消极心理的教学目标，转变为积极心理学的教学目标，要逐渐培养学生乐观积极的心理，培养他们的幸福感。不仅仅要关注极个别人的心理问题，要将视野放在所有学生或者整个人类本身上。在现在的社会发展背景下，人们的物质生活水平有了很大的提升，他们关注的重点不再是生活所需，更多的是精神的需求。追求精神上的幸福是人类的共同目标。所以，心理健康教育学也应该紧跟这一目标，让学生通过校园生活建立积极、乐观的生活态度和正确的人生观和价值观，只有这样，在未来社会中，他们才会保持这种健康的心理状态，不断激发他们自身的潜能，使自己的生活更加幸福。

（二）建立完善的积极心理健康教育学体系

对大学生积极心理学的教育内容体系的构建，首先要培养他们树立正确的自我认知观念。不管是积极的心理状态，还是消极的心理状态，都是由他们的自我认知观念引起的，它有设定生活目标的功能，积极健康的自我认知观念可以让人们拥有乐观的心理状态。在大学生心理教育的过程中，教师要积极地引导学生对自己的心理状态有一个全面的了解，通过课堂所学内容和社会实践，逐渐建立起自己的心理认知观念，懂得自我肯定和自我批评，能够客观地看待生活或学习中出现的问题，了解心理现象出现的合理性，从积极心理学的角度来看，对自我的肯定，尤其是对自己长处的挖掘，这样才能不断实现自我价值，在人际交往的过程中，要善于接受自己和他人，协调好理想与现实中的自我差异，不矫揉造作，也要不卑不亢，不断地树立正确的自我认知观念。

（三）构建积极的校园支持平台

人是社会性的，大学生的成长最主要生活环境是校园，所以，要想建立积极心理学的

教育体系就需要有积极的校园支持平台。积极校园平台的建立，需要从学校的规章制度、管理体系、教学体系等出发进行综合分析研究。完整的心理学教学体系对大学生健康心理的形成至关重要，这套体系的建立首先要根据明确的规章制度和法律规范来制约，尤其是优良的学校氛围，可以改善教学氛围，大学生在学习中可以找到自己的人生价值和认同感与归属感。积极的教学理念是校园平台建设的关键，只有以积极的观念来引导，传统的心理健康教育学才能重新定位，才能不断地更新和完善管理体系，让学生积极快乐地参与到学习和生活中，最终拥有积极健康的心理和幸福的生活体验。

我国高校承担着为社会主义现代化建设培养人才的重任，在社会快速的发展过程中，人们的心理健康直接影响着工作的效率，所以，高校的心理健康教育学任重道远。从心理健康教育学现状来看，虽然取得了一定的教学成果，但是由于受到传统消极心理学的影响，在教育过程中学校过多地关注了小部分心理有问题的学生，忽视了大多数学生的心理状态，所以高校要更新教育理念，培养学生的幸福感，让学生接受积极心理学教育，让他们的生活更加乐观幸福。

第六章 "互联网+"背景下大学生心理健康教育的预防与干预

第一节 "互联网+"背景下大学生心理健康教育现状及创新

大学生心理健康教育是高校思想政治教育的重要组成部分。随着互联网的高速发展，尤其是新媒体、自媒体的网络化的日益普及，大学生的心理教育出现多元化发展趋势，不可避免地会面临各种心理困惑和心理冲突。文章分析了"互联网+"背景下大学生心理健康教育的发展现状，研究了"互联网+"背景下大学生心理健康教育存在的问题，阐述了"互联网+"背景下开展大学生心理健康教育的优越性，提出了"互联网+"背景下加强大学生心理健康教育主要策略。高等院校要重视大学生心理健康教育，积极落实立德树人的根本目标，促进大学生身心健康成长，全面提高高等教育质量。

我国的大学生心理健康教育起步较晚，自20世纪90年代国家才开始重视这项工作。我国国务院提出："网络环境下的学生心理健康教育逐渐成为普遍关注的焦点，信息管理等部门和学校要加强对电子信息产品和计算机网络的监管，及时清除计算机网络传播的反动、色情和不利于青少年学生健康成长的电子信息，努力开办网上心理健康栏目，充分抓住网络阵地，宣传普及心理健康知识，优化心理健康教育的网络环境，强化网络的积极影响，利用网络优势开展心理健康教育。"

中国第一个基于互联网的心理学研究是赵向阳的硕士论文，在线信息咨询中咨询员的人格，网络匿名性和工作绩效心理健康教育是高校思想政治教育中不可或缺的重要部分。当前，随着我国改革开放及经济全球化水平的进一步提高，特别是互联网等新媒体、自媒体的日益普及，大学生的利益需求趋于多元化，不可避免地会遭遇各种心理困扰和冲突。同时，由于人才竞争日益激烈，尤其是社会对人才的素质要求越来越高，大学生也面临着越来越大的心理压力。高度重视心理健康教育，切实提高大学生心理健康水平，是促进大学生健康成长和全面提高教育质量的关键之一。2004年，葛宝军、宋英提出了"大学生心理健康教育的网络模式"，并建立了一个四级互联交叉的心理健康教育立体网络模式。网络心理健康教育现在已经成为现实心理健康教育的拓展和延伸，互联网的发展也是心理健康教育发展的必然。

一、"互联网+"背景下大学生心理健康教育的发展现状

1989 年万维网进入了大众的生活，为人们的生活提供了便利，心理学的研究从实验室转移到了互联网上，网上心理学的研究逐渐增加，随着网络心理科学资源的增加，利用网络进行心理教育也更加方便和权威。

当代教育网络化现状介绍。互联网的发展对教育行业产生的变革是革命性的，我国正在努力推进远程教育的发展，为教育的网络化提供了越来越完善的基础设施。对于心理学来说，互联网是需要研究的对象，也是可以广泛应用的研究工具。如今心理素质在衡量人才的指标中的地位、心理健康教育在学校的教学计划安排中的地位日益重要，心理健康教育理应在网络化方面有一个快速发展的趋势，但是查阅到的大量数据信息显示：在当今我国的心理健康教育中，网络这个工具被应用到的范围仍旧有限，且发展速度也处于较慢水平。由此可见，网络心理健康教育还有极大的发展空间和更多的发展可能。

二、"互联网+"背景下大学生心理健康教育存在的问题

网络传播很广泛，世界各地的信息充斥着网络，这也就造成了网络的高风险，对大学生的世界观、人生观、价值观有很大的影响，对大学生的心理健康有一定的引导作用。由于技术发展不够完善、心理健康教育师资不足等客观因素以及一些不可避免的主观因素的影响，大学生网络心理健康教育仍存在着一些问题。

大学生心理健康教育比较传统落后。传统的大学生心理健康教育手段包括：开设大学生心理健康教育课程和讲座，普及心理健康知识、设立校园心理咨询室、定期举行心理辅导活动，组织学生参加社会实践活动、大学生心理健康问卷调查，建立大学生心理健康档案、培养自我教育能力等。当然良好的校园氛围（或校园网络文化建设）也是少不了的。现在效果最明显的就是开设心理健康教育课程并辅以心理咨询。首先传统的心理健康教育手段另一大局限是它们的信息整合、共享较为不便。而网络化的大学生心理健康教育却能较好地解决这些问题。还有传统方法上的量表和问卷也可能存在适用性不广的局限。其次传统心理健康教育的师资力量也不够强大，地区发展不平衡，基础设施薄弱等。现今有很多大学的心理健康教育课程、心理健康测试、心理健康咨询之间还没有建立可共享的学生心理健康资料信息库，使得学生重复做了大量基础性的测试，这不仅消耗了不必要的人力物力，还容易使学生产生练习效应和疲劳效应。而且传统心理健康教育不能顾及每一个人，这就使得心理健康教育不充分和不平衡，供不应求。

大学生心理健康教育个性化需求具有局限性。大学生心理健康教育最明显的局限性是个性化和效率之间的矛盾。例如：大学生心理健康教育通识课程、心理辅导活动虽然一次性的受众较多，整体效率高，但在个人针对性的心理问题解决和个人的心理健康教育质量

方面存在固有的局限；与之相对的是设立心理咨询室，它虽然在解决个人特定问题上具有优势，但效率低下，耗费大量时间，此外，它是否能发挥作用主要取决于大学生的主动性。因为这种方式需要大学生主动预约学校的心理咨询教师，因此无法对那些出于某些原因不能去心理咨询室的学生进行心理健康教育。另外，非面对面的交流使心理咨询教师无法获得较多的来访者可观察讯息，可能使咨询效果降低。而且论坛讨论组不易管控，加之匿名功能，极有可能出现大量无用信息，或出现"乱出主意"的问题。

高校网络心理健康教育平台建设不健全。随着科技的迅速发展，高校网络心理健康教育平台建设中也有很多问题，首先，高校心理健康教育管理者不够重视网络心理健康教育，没有健全网络管理制度，没有更多地用于实践；其次，政府政策在网络心理健康教育这块也没有做出更加具体的方针和政策，监管力度仍需加大，应继续加强对网络的规范使用；最后，大学生本身的问题，网络使大学生参与心理健康教育活动的时间空间不再受到严格的控制，我们更加不易判定大学生在参与心理健康教育活动时的态度和周围环境，无法保证学生是否认真观看心理健康教育课程视频、无法控制大学生填写网络问卷时的环境因素，存在胡乱填写的可能。还有全天候的咨询时间与匮乏的心理健康教育资源产生矛盾，既有可能出现同一时间网络咨询的学生太多，师资供不应求的情况，也有可能出现问题不能及时得到回复的情况。

三、"互联网＋"背景下开展大学生心理健康教育的优越性

当前关于"互联网＋"背景下心理健康教育的研究分为两个部分：第一个部分是研究网络对人的心理健康的影响以及如何利用有效的教育手段使网络对人心理健康的影响更多地偏向积极方面，降低或摆脱消极的影响，如解决网络成瘾、网恋问题，研究网上的攻击性行为等；另一个部分是研究如何在心理健康教育的过程中使用网络平台，以及网络对心理健康教育形式、途径、效果等方面的影响等。

大学生网络心理健康教育形式多样化。大学生网络心理健康教育的形式现有：线上的大学生心理健康教育视频课、线上的问卷调查、有关心理健康的论坛或讨论群、线上的一对一咨询、电子邮件、留言本等。线上大学生心理健康教育视频课大部分高校都以第二课堂的形式开展，通过一些慕课平台给大学生们观看。线上问卷调查是通过在网上编辑设置一套标准化的量表再让学生们进入网页填写，从后台直接获取量表填写的结果数据分析。论坛和讨论群种类较多，按创建者分类有学校官方创建和大学生自发创建；按内容功能分类有树洞、"夸夸群""喷喷群"等。线上一对一咨询就是学生在网上向心理咨询师咨询心理问题，这个的应用与之前的几种相比还较少。大学生还可以通过浏览网页等方式来接触基本的心理学知识，从而潜移默化地改变人们对心理学的认知，使大学生能更好地预防和解决心理问题。在网络视频课程中，线上的师生互动也解决了不能面对面及时性反馈问题。以上这些形式都是为了更好地服务于大学生，使心理教育更加容易。总之，互联网的出现

拉近了人们的时空距离，为人们的交流提供了方便，在网上能用的心理学资源也越来越多，获取心理知识的渠道也变得更有灵活性和多样性。例如，各大高校的电子图书馆和一些心理学机构的网站也都对外开放，近年来的心理学公众号也得到了很大的发展。

有利于保护个人隐私，增强学生的安全感。大学生心理健康教育则是指通过运用一些心理健康知识和技能，以心理辅导和心理咨询为主要形式来疏导大学生成长过程中遇到的心理问题并提高他们适应大学生活的相关能力。但是在大学生心理健康教育的具体内容中，还有许多不足。而且随着当代社会竞争压力的日渐加重，生活节奏日渐加快，再加之全球化的纵深发展导致多元文化、价值观相碰撞等因素的影响，当代大学生的心理问题日益增多且种类复杂，具有鲜明的时代性。利用互联网的交流具有匿名的功能，经济、方便、具有时效性，这既可以减少大学生对隐私泄露的顾虑，增强他们的安全感，使其有更大的意愿去分享自己的经历和去尝试主动联系心理咨询师，可以使大学生根据自身的意愿主动去接触适合自己的心理咨询；同时还可以降低大学生的羞怯情绪，使咨询中的沟通交流有更加深入的可能，便于获得更多来访者自我感觉方面的信息。黄海、颜小勇、余莉、俞宗火等人在《大学生对网络心理咨询的态度及与人格、网络自我效能感的关系》中指出：大学生对网络咨询有较积极的态度。

有利于节省空间和时间，心理健康知识普及性更广。网络本身具有的全球性和全天候的特点，使其能帮助大学生心理健康教育突破时空限制。如大学生可以自由选择空闲的时间观看心理健康教育视频课程，并且能在有切实需要时反复观看；不需要在特定的咨询室内，既可以节约空间，还可以实现咨询室资源更快速有效配置，使多个学生的心理咨询可以同时在线进行。网络的迅速发展以及人们对其的依赖性使人们能够更多地去接触心理学，以达到心理学普及的效果。能够方便快捷地收集到有效的心理学资料并及时地进行反馈，更好地服务于大众。

四、"互联网+"背景下加强大学生心理健康教育主要策略

为解决实际问题，除了需要整合学校现有的心理健康教育资源，努力构建课堂教学、心理教育活动、心理咨询、危机干预、调查研究"五位一体"的心理健康教育模式以外，还应拓展新的大学生心理健康教育途径，充分利用网络所具备的特有优势，提高大学生心理健康教育工作的实效性。

构建心理健康教育平台，促进心理健康教育信息化。利用网络平台将资源最优化，节约制作成本（传统课本印刷、线下宣传等），大学生能够在网上自由选择适合自己的课程教师等（以达到问题解决的目的）。同时，根据大数据的反馈能够更好地发展心理学。利用网络的形象性和新颖性丰富高校大学生心理健康教育的方法和手段。网络为大学生心理健康教育提供了多样化的选择，将文字、图画、声音等充分应用，更好地向大学生传递心理健康知识，让其更容易接受。而应用网络能够更便捷地建立信息库，能够实施到每个学

生的身上。而且对每位大学生每次心理健康教育相关活动的结果都建立个人信息档案，既能便于各项大学生心理健康教育工作的进行，又能促使大学生们更加认真地对待每次心理健康教育活动，使心理健康教育工作更具针对性，提高它的效用。同时还可以促进五位一体的心理健康教育模式的建立。而且目前我国高校都已建立了良好的校园网点，更加便于心理教育网络化。

优化心理健康教师队伍，完善心理健康教育体系。高校方面，完善高校网络心理健康教育体系建设，招聘心理健康教育专业骨干教师，扩大专业心理健康教育师资队伍，设计更加简单易懂的课程，增加人文关怀，建立网络心理健康教育管理平台，加强心理健康教育顶层设计，充分利用校园网和互联网两大平台，构建完善的心理健康教育体系。加强网络心理健康教育平台建设，需要重视网络心理健康教育的意义，能够引导大学生开展自我教育，建立大学生心理健康信息档案和及时反馈制度，注重各部门的协同教育，提升整体心理健康教育质量。地方政府应出台相关政策配合高校网络心理健康教育管理，加大监管力度，努力创造一个良好的网络环境。在校大学生应该增强自我意识，主动接触心理健康教育，将其作为常识学习，加强自我修养，自觉抵制不良信息，文明上网。

根据"互联网+"背景下大学生心理健康教育的发展现状我们可以推论出大学生网络心理健康教育有着充分的发展前景，我国高等院校的校园网已经成为大学生心理健康教育工作的重要渠道。"互联网+"心理健康教育的"关注度"逐渐提高，越来越多的大学生慢慢知晓心理健康教育的意义。在"互联网+"背景下，充分利用网络已经成为大势所趋，人们现在离不开网络，互联网正在改变着我们的工作方式和生活方式。利用网络进行心理健康教育无疑会带来显著的效果。尽管互联网在大学生心理健康教育工作中的运用还存在一些不可避免的问题，但它在解决一些特定情况下的问题时却可以弥补传统心理健康教育手段存在的不足。"互联网+"大学生心理健康教育应引起高等教育工作者的高度重视，科学合理地运行这种教育手段，努力探索新时期网络心理健康教育的新模式，使其更容易被多数大学生学习，进一步提高大学生的心理素质，从而提高高校心理健康教育工作的有效性和实效性，促进大学生心理健康教育工作的蓬勃发展。

第二节　"互联网+"背景下大学生心理健康教育的"心"路径

高校的心理健康教育课程课时少，无法满足大学生心理健康持续发展的"心"需要。新媒体的功能与特性使得新媒体能够成为大学生心理健康教育的"心"出路。微信公众平台对大学生心理健康教育的"心"意义表现在通过微信平台发现"心"需求，通过微信平台普及"心"知识，通过微信平台宣传"心"活动，通过微信平台建设"心"桥梁。为更好发挥微信公众平台在大学生心理健康教育中的作用，高校应充分利用网络资源，将大学生心理健康教育工作融入微信公众平台之中，开发并运用具有自身特色的微信公众平台。开启网络心理健康教育的"心"时代，需要我们扎实做到"三个加强"，即加强微信公众平台的模块设计，加强微信公众平台的对象拓展与团队建设，加强微信公众平台网络心理健康教育的效果分析。

随着互联网信息技术的发展，我国高校传统的心理健康教育课程教学自身局限性越来越凸显，已经无法满足大学生心理健康可持续发展的"心"需要。因此，如何在新媒体背景下找到大学生心理健康教育的"心"出路，是我们每一位大学生心理健康教育工作者应该直面的课题。

一、大学生心理健康教育的"心"现状

近些年来，我国大学生心理健康教育工作取得了长足的进步，特别是在教育部颁布了《普通高等学校心理健康教育工作基本建设标准（试行）》后，各高校的大学生心理健康教育体系已经形成，但专业心理教师的师资力量相对薄弱，很多高校的《大学生心理健康教育》课程采用的是由学校仅有的几个心理咨询师来大班制集中授课。这种大班制授课模式，只能传授少量的心理健康的知识，却无法持续、有效提高学生的心理健康水平。当前大学生心理健康教育也大都仅限于课堂教学的形式，并完全寄希望于18周36学时的大学生心理健康教育课程，有些大学甚至还没有开设大学生心理健康教育课程，这使得当前大学生心理健康教育形式单调，内容匮乏。另外，很多大学生对大学生心理健康教育课程的态度比较冷漠，一来认为自己没有心理问题，不需要听课；二来认为大学生心理健康教育课程是副课，没有专业课那么重要。

高的心理健康教育课课时少，无法满足大学生心理健康发展的"心"需要。特别是高职高专院校大都施行的是"2+1"模式人才培养方案，即前两年在校学习专业理论知识，最后一年去各大事业单位与企业实习，这种模式使得大学生在校学习的时间特别短，他们大多数的时间都花在了专业课学习上，学校教学计划也不可能把重心放在大学生心理健康教育上，因此，绝大部分高校仅仅在大学一年级新生开学之际开设36学时的《大学生心理健康教育》课程，这样的课程也仅仅针对大学生的适应期，他们在大二的迷茫期、纠结期、思考期，大三的抉择期、实习期、就业期等都没有持续、系统的心理健康教育课程。每一年的5月25日是全国大学生心理健康日，众多高校都会在这段时间内集中开展心理健康系列活动，诸如话剧表演、健康节等。这些活动能够增强学生的心理健康意识、普及学生的心理健康知识，提高学生的心理健康水平。但是，如果仅仅是在5月集中开展心理健康教育活动，难免会造成心理健康教育流于形式，造成系列教育只在5月才重要的现象，造成日常心理健康教育不够充足。这种尴尬的局面是我们每一位大学生心理健康教育工作者所不愿意看到的。

二、新媒体背景下大学生心理健康教育的"心"出路

随着互联网信息技术的发展，新媒体也得到了快速的发展。近年来，特别是大学生的心理问题越来越突出，引起了高校对大学生心理健康教育的高度关注。大学生心理健康教育开始普遍走进大学课堂，成了高校大学生的必修课程。针对高校的心理健康教育课程课时少无法满足大学生心理健康发展现实需要的现状，在日常生活中，除了教师教授心理健康知识，很多高校也开始结合新媒体，利用微信公众平台的优势，向学生普及大学生心理健康知识，为大学生心理健康教育提供了新的理念，开创了新的平台。

据微信公众平台的现有功能可知，目前的微信公众平台主要有订阅号微信公众平台、服务号微信公众平台和企业号微信公众平台三种服务版本。其中，订阅号微信公众平台主要用在传播信息方面，服务号微信公众平台主要对用户进行跟踪服务报道，企业号微信公众平台注重企业进行日常生产与管理。就大学生群体而言，订阅号微信公众平台是大学生心理健康教育的首选平台。因为订阅号微信公众平台的群发推文、自动回复和一对一交流三大功能能让大学生心理健康教育产生最高的效益。其中，订阅号微信公众平台的群发推送功能就是平台可以每天不定时地向关注者发送一条心灵鸡汤，关注者在收到消息后可以自己慢慢品读理解。若是高校能充分利用该项功能，就可以每天向学生关注者发送一条与心理健康教育相关的心灵鸡汤，让关注者感受到心理健康教育就在身边，从而打破心理健康教育只有心理健康日才重要的现象。自动回复功能就是平台作者通过编辑回复内容，作为自己与关注者互动时自动回复的消息，当关注者的言论符合自动回复的要求时就会收到相关的回复。若是高校能充分利用该功能，就可以将自动回复功能应用在心理健康知识查询项目服务之中。一对一交流功能就是平台作者向关注者解答相关的心理困惑时显示出来的功能。若是高校能充分利用该功能，便可以更加方便地加强学校心理咨询师与有心理咨询需要、但是又碍于面子不敢到心理咨询室来的同学之间的交流。一对一交流功能使得心理老师可以通过后台及时答疑解惑，开辟了网络心理咨询的新天地。

新媒体的这些功能与特性使得新媒体成为大学生心理健康教育的"心"出路。

三、微信公众平台对大学生心理健康教育的"心"意义

互联网技术的快速发展，为高校学生心理健康教育工作注入了"心"的活力。在新媒体环境下，微信公众平台与大学生心理健康教育是密切关联的，其自身的特性决定了它有助于促进大学生心理健康教育知识的普及，有助于促进大学生心理健康教育水平的提高。新媒体内容是相当丰富的，使用起来很方便，在读者与作者双向互动方面起到了很好的教育效果。另外，新媒体的发展也打破了大学生学习的时间与空间限制，他们随时随地都可以通过自己关注的相关新媒体得到所要了解的信息，这样更方便了学生主动学习。作为新媒体之一的微信公众平台也反映了这些特性，开发与运行网络心理健康教育微信公众平台，

能够很好地利用其优势，积极宣传心理健康知识，能够持续不断地促进大学生的心理健康。高校利用微信平台这一技术手段，既可以及时了解大学生心理健康动态，搭建与学生之间的广阔交流平台，也极大丰富了大学生心理健康教育的内容。概而言之，微信公众平台对大学生心理健康教育的意义主要表现在以下几个"心"方面。

（一）通过微信平台发现"心"需求

高校利用微信平台，可以向学生分发《大学生心理健康教育新媒体平台的使用情况》调查表，通过微信平台投票管理直接推送，可以发现高达百分之多少的学生认为新媒体对于自身心理健康教育起着较好的积极作用，百分之多少的学生表示新媒体没有多大作用，百分之多少的学生不支持新媒体心理健康教育的方法。百分之多少的学生认为在日常学习与生活中，当遭遇挫折压力的时候，寻找心理咨询师进行开导是宣泄情绪、缓解压力的良好途径，百分之多少的学生认为，当遭遇挫折压力的时候，可以直接寻求心联委员的帮助。百分之多少的学生认为情绪问题咨询至关重要，百分之多少的学生认为人际关系问题咨询至关重要。从而从整体上了解与把握学生的"心"需求。

（二）通过微信平台普及"心"知识

高校通过微信平台，可以向学生及时推送有深度、有温度的心灵文章，通过阅读增加学生的心理健康知识，提升学生的心理健康水平。高校微信平台可不定期推送心理相关栏目，推送内容围绕"学习、情绪、人格、自我评价、人际交往、恋爱、网瘾、求职就业、团队合作"等九大主题，开展关于"学习困难、厌学、偏科、躁狂、抑郁、焦虑、偏执、敏感、多疑、自卑、人际紧张、失恋、网瘾、就业迷茫、就业压力、团队松散、团队凝聚力不足"等问题的系列心理知识辅导，旨在发挥心理健康教育的心理疏导功能，帮助同学们了解自己的内心，把看不见的心理展现在自己面前，为同学们带来启迪和感悟，满足多层次学生需求，消除学生心理困惑。同时，高校可以通过微信公众平台可以向全校学生推送优秀心理书籍、经典心理影片，以及温馨心理小贴士等，传播心理健康知识。

（三）通过微信平台宣传"心"活动

高校可以坚持"三度"与"三结合"理念与原则，即新媒体微信公众平台有高度、有深度、有温度，将微信新媒体平台文化建设与大学生心理健康教育紧密结合，将微信新媒体平台内涵建设与学生积极反馈紧密结合，将微信新媒体平台心理专业特色建设与实践育人紧密结合，大力宣传心理健康实践育人活动。如在实践活动方面，可以实施阳光心理文化工程，形成"一个体系""两项行动""十个一项目"的总布局，"一个体系"即"健康教育、实践活动、咨询服务、危机干预"四位一体的心理服务格局，"两项行动"即"春蕾"行动与"秋阳"行动。"春蕾"行动以"5·25"心理健康教育月为契机，以系部为核心，融思想引领于心理健康教育之中。按照"五个一"项目的整体布局思想实施"春蕾"行动，协调推进阳光心理文化工程。"春蕾"行动"五个一"项目即举办一次心理情景剧，开展一次"情绪与压力管理"沙盘团体辅导，开展一系列心灵讲堂，举办一场趣味心理知识竞赛，举行一次心理征文比赛。"秋阳"行动则以阳光心理文化节为契机，以班级为重点，发挥心理的育人功能。按照"五个一"项目的整体布局思想实施"秋阳"行动，协调推进阳光心理文化工程。"秋阳"行动"五个一"项目，即举办一次阳光心理趣味运动会，开展一次"人际关系"沙盘团体辅导，开展一系列阳光心理志愿服务活动，举办一场阳光心语书签展，举行一场阳光心理故事汇。

（四）通过微信平台建设"心"桥梁

高校可以大力推动新媒体平台建设工程，积极增强大学生心理健康教育的使命感与时代感。可以充分利用平台群发推送、自动回复、一对一交流等功能实现和特定群体进行沟通交流。同时，也可以为学生提供倾诉情感、讨论心理话题及心理咨询的平台，开设"扫码预约"和"树洞氧吧"等专栏。通过这些渠道，学生可以匿名参与互动，通过微信平台向咨询师留言，大胆讲出自己的心理困扰，满足学生自我表达的需求，有效建立心理咨询、心理交流与心理沟通的平台，搭建心理健康教育的"心"渠道。

四、微信公众平台在大学生心理健康教育中的"心"运用

"医专心理中心"交流平台建成。"医专心理中心"网络心理健康教育微信公众平台具有互动的功能，在"医专心理中心"网络心理健康教育微信公众平台的互动交流当中，学生心联干部往往扮演的是朋辈辅导员的角色，他们渴望锻炼自己的能力，渴望倾听求助者的声音，渴望做求助者的知心朋友。"医专心理中心"网络心理健康教育微信公众平台擅长通过微信朋友圈来推文，以便让更多的大学生分享到迷茫时的心灵鸡汤，扩大了教育的范围，平台能够了解朋辈生活的点点滴滴，使得朋辈之间相互支持，相互帮助。在校大学生一旦出现心理问题便可上"医专心理中心"网络心理健康教育微信公众平台寻求心理援助。"医专心理中心"网络心理健康教育微信公众平台具有人际交流的优点，加强了教师与学生、学生与学生之间的沟通与交流，拓宽了同学之间的交往空间，避免了同学们面对面交流隐私的尴尬，加速了网络心理健康教育朝着专业化方向发展的步伐，从而促进了我校的学生心理健康教育工作。

（一）"医专心理中心"微信公众平台的模块设计

我校"医专心理中心"网络心理健康教育微信公众平台的模块设计不仅顺应了大学生的学习兴趣，也具备了一定的专业性和教育性，我校"医专心理中心"网络心理健康教育微信公众平台的模块设计与学校心理健康教育工作紧密结合，推动了我校心理健康教育的健康和谐发展。

建构三大模块。2016年12月，我校申请了"医专心理中心"微信公众平台订阅号，开发了"医专心理中心"网络心理健康教育微信公众平台。平台主要包括三个模块，每个模块由五个项目组成。一个模块是心理中心，主要有中心简介、咨询师、校心联部、同辈热线、心理协会；一个模块是心理服务，主要有健康教育、实践活动、咨询服务、预防干

预、科学研究；还有一个模块是心理预约，主要由预约方式、个体咨询、团体辅导、沙盘疗法与催眠术构成。其中，"心理知识"主要普及学习、人格、情绪、自我评价、网络依赖、求职迷茫、人际困难、恋爱心理等常识与技巧；"心理技能"主要普及一些心理调节方法，如冥想放松、呼吸放松、打坐等方法；"心理动态"主要反映一些心理新闻；"认知测量"主要测量大学生的智力、创新力等认知因素；"情感测量"主要测量大学生焦虑、抑郁等症状；"行为测量"主要测量大学生的学习行为、反社会行为等。小心系列品牌板块，"小心说事"主要是分析社会的心理热点案例，并进行深入分析；"小心拾贝"主要是报道心理教育系列活动与心理素质拓展活动；"小心专论"是发布一些心理学研究成果等等。

融合五大任务。我校心理健康教育工作包括心理教育授课、心理咨询、心理健康教育活动、心理危机干预、心理骨干培训等几个方面，我校"医专心理中心"网络心理健康教育微信公众平台的模块设计思路尽量与这几类工作相结合。一是心理授课模块。心理教育授课主要由心理咨询中心专职教师与系部辅导员承担，"医专心理中心"网络心理健康教育微信公众平台通过心理知识来解释与补充老师们的授课。二是心理咨询模块。"医专心理中心"网络心理健康教育微信公众平台是一个心理咨询的平台，通过认知测量、情感测量，以及行为测量让学生了解自己心理状态，并根据测量的结果来预约心理咨询师。三是心理健康教育品牌活动。我校每年"5·25"心理健康节会组织全校性的心理情景剧表演、心理社团学生活动每周办一次讲座等，"医专心理中心"网络心理健康教育微信公众平台通过"小心拾贝"来跟踪报道。四是心理危机预防与干预。我校"医专心理中心"网络心理健康教育微信公众平台通过心理技能为学生建立完整的心理危机预防与干预知识库，供在校大学生了解与运用。五是心理骨干培训。我校"医专心理中心"网络心理健康教育微信公众平台通过心理动态传递学校心联部干部的培训动态，对培训的内容做跟踪报道与解析。

（二）"医专心理中心"微信公众平台的对象拓展与团队建设

以一带十增加服务对象。在"医专心理中心"网络心理健康教育微信公众平台的建设初期，仅有10余名大学生关注，关注人群还都是学校学生会、学生团委干部，而到了中期，因大型心理健康教育投票活动要在平台上进行，关注人数瞬间爆棚，高达万余人，其中不乏外校的大学生。这种以一带十的教育对象拓展方式有效扩大了"医专心理中心"网络心理健康教育微信公众平台的服务人群，这些稳定下来的关注人群是心理健康教育的有效对象，有利于学校大学生心理健康教育知识的传播，有助于促进大学生心理健康教育水平的提高。

以老带新培育管理团队。在平台运用的团队建设方面，我校"医专心理中心"网络心理健康教育微信公众平台主要由学生干部来负责管理，平台运用的团队建设采用老带新模式，即让老一批学生骨干培训新一代学生干部，推动平台团队的可持续发展，这样的团队建设模式形成了网络心理健康教育微信公众平台建设的整体思路。由于"医专心理中心"

网络心理健康教育微信公众平台具有操作性强的特点，故而，在"医专心理中心"网络心理健康教育微信公众平台的建设初期，我校为平台运营学生干部提供了较多、较好的操作培训机会，培训者为专业教师。心理干部们充分利用自己的经验和网络资源，不断促进平台的创新建设与发展，充分利用壹心理、525心理健康教育网等第三方平台来提升大学生心理健康教育选文的吸引力。

（三）"医专心理中心"微信公众平台网络心理健康教育的效果分析

我校"医专心理中心"网络心理健康教育微信公众平台集教育性、管理性与服务性于一体，具有良好的教育功能。

"医专心理中心"助人氛围形成。"医专心理中心"网络心理健康教育微信公众平台以各式各样的大学生心理健康内容为建设重点，积极构筑了心理教育授课、心理咨询、心理健康教育活动、心理危机干预、心理骨干培训等几个方面的内容体系。"医专心理中心"网络心理健康教育微信公众平台中推送的经典好文与当下的社会主义核心价值观是密切相关的，很容易被广大大学生接纳，这样平台使得心理知识教育成为大学生获取正确价值观的重要依托。"医专心理中心"网络心理健康教育微信公众平台为广大在校学生学习心理健康知识提供了较好的平台，通过"医专心理中心"网络心理健康教育微信公众平台，广大大学生了解到了外界更多的心理正能量，帮助学生健康成长，促使学生助人自助。

"医专心理中心"品牌项目完成。当下，"医专心理中心"网络心理健康教育微信公众平台结合我校的校园文化特点，创设了三个较为有特色的心理品牌，一个是静心减压团体辅导，一个是人际沙盘团体辅导，还有一个是小心系列品牌，这些心理品牌系列与学生的学习生活密切相关，深受大家的追捧与欢迎。每一个品牌推文都做到了生动有趣、贴近现实、案例生动、评论客观、活动鲜活，吸引了广大大学生，不到半年时间，目前已经关注平台的学生万余人，也包括一批校外学生。

总而言之，在微信公众平台环境下，网络心理健康教育渐渐成了大学生依赖的新型教育方式。微信公众平台的普及应用，改变了以往大学生心理健康教育仅仅靠单纯课堂说教的模式，让在校大学生逐渐掌握了心理学习的主动权，微信公众平台的发展使得大学生心理健康教育的方式更加新颖，使得大学生心理健康教育的渠道更加宽广。

第三节 "互联网+"背景下大学生心理健康教育 课程体系构建

地方院校大学生心理健康教育课程体系的构建由于受到各种条件的限制，一直未能取得良好效果。而互联网的发展会给大学生的心理健康产生潜移默化的影响，因此，在当前"互联网+"的时代背景下，构建大学生心理健康教育课程体系尤为重要。本节将较为详细地阐述地方院校大学生心理健康教育课程中存在的具体问题，并对具有本校特色的"五结合"心理健康教育课程体系进行总结，为进一步提高地方院校课程的科学性和实效性提供借鉴。

在高校心理健康实际工作中，心理健康教育课程覆盖面广、实效性强，对培育大学生的健康心理至关重要。随着互联网的发展与进步，构建大学生心理健康教育课程体系显得尤为重要。自 2014 年开始，面对"互联网+"的背景，我校在大学生心理健康教育课程上做出了一定程度的改革与创新，构建了具有本校特色的心理健康教育课程体系，为进一步提高地方院校课程教学现代化水平提供参考。

一、地方院校大学生心理健康教育课程体系存在的问题

（一）课程内容缺乏实操性

"互联网+"背景下的地方院校大学生心理健康教育课程的教学内容大多注重对学生进行理论知识的普及，注重提升大学生的自我心理调适能力。前者属于陈述性知识，如大学生心理健康标准、常见心理困惑等；后者属于程序性知识，主要包含情绪管理、人际交往等内容。虽然教学内容涉及相关专题操作的步骤，但学生要如何根据自己的实际情况，将理论运用到生活中，还缺乏相应的指导。而且由于课程内容未融入互联网因素，忽视了"互联网+"背景下，互联网对当代大学生心理健康的影响。

（二）教学模式相对单一，缺乏灵活性

地方院校大学生心理健康教育课程的教学模式最主要的表现形式就是心理学科课程，几乎没有培养学生心理逻辑方面的内容，课程模式缺乏一定的灵活性。另外，学生参与度较低也是满意度不高的原因之一。而且互联网是与当代大学生生活与学习息息相关的工具，高校心理课程教学中也应将互联网的优势最大化。因此，大学生心理健康教育课程中的教学模式应该遵循专业化、多样化的原则，积极使用互联网教学，增强课堂的趣味性。

（三）教学方法偏重讲授式，不够多元化

在"互联网+"的时代背景下，地方院校大学生心理健康教育课程的教学方法仍然采用传统的讲授式。近几年，虽然多媒体教学逐渐走入大学课堂，但模式仍然僵化，学生只是跟着课件走，师生互动不足。研究表明，在案例分析、小组讨论、团体活动、教师讲授等众多教学方法中，偏向于选择教师讲授的大学生比例最低。研究者们也更提倡采用心理拓展训练、心理戏剧、课堂心理测验等多元化方式进行教学，提高学生学习的主动性。

（四）教学管理投入不足

我国相关部门明确规定，地方院校应该积极把大学生心理健康教育课程纳入高校的教学计划和培养方案中。同时，由于我国高校心理健康教育在师资力量方面比较薄弱，所以迫切需要加强我国高校的心理健康教育教师队伍建设。除此之外，地方院校还存在"教师

欠缺培训""学校不重视"等问题，由此可见地方院校对该学科建设的重视程度不足。另外，大学生心理健康教育课程本身具有特殊性，需要任课教师具备相应心理学知识背景。在互联网高速发展的时代，需要进一步加强大学生心理健康教育。在当前这个互联网高速发展的时代，教师完全可以通过各种途径提高自身素养，使自己在专业课程领域得到成长。

二、"互联网 +"背景下地方院校大学生心理健康教育课程体系的构建

（一）注重预防、矫治心理问题与提升心理健康素养的有机结合

在心理健康课程目标的设置中，我们应重视加强心理问题的预防和矫治。要通过一系列专题课程教学，让学生系统地掌握预防心理问题的知识，做到"防患于未然"。除此之外，高校还应重点提升大学生心理素质，提升大学生的心理健康素养，培养大学生积极向上的心态。与此同时，还须教会大学生正视心理问题，提高其解决心理问题的能力，让大学生拥有健康、良好的心理素养。

（二）注重理论教学与实践环节的有机结合

在教学内容的设置中，一方面，我们要加强心理健康理论知识的系统化教学，采用必修课和选修课相结合的方式，让学生系统地学习、熟练地掌握相关心理健康知识，帮助学生理解心理健康知识，培养其灵活运用知识的能力。另一方面，我们要注重加强实践环节的设计和实施。这些实践活动既有心理游戏，也有感悟分享，还有实践体验，目的是让学生学会运用心理健康知识分析、解决自身问题。

（三）注重线下课堂教学与线上自主学习的有机结合

在"互联网 +"背景下，高校在课堂教学中融入互联网因素十分必要。在心理健康教育课程的教学方法中，积极开展认知性课堂教学，应以从激发兴趣到形成能力、从自主互动到合作探究、从能力拓展到素质提升的思路去传授知识。除此之外，要积极引导学生利用课余时间，借助互联网的丰富资源展开学习，拓宽视野，培养自学能力，提升心理素质。互联网具有显著的开放性与共享性，大学生可以通过互联网查询自己想要了解的内容，同时高校教师要给予及时正确的引导，用互联网辅助教学。高校教师也可以利用互联网上丰富的教学资源开发新的心理教育课程，为心理教育课程体系的构建贡献自己的一份力量。

（四）注重专职教师能力提升和兼职教师素养提升的有机结合

我国地方院校的心理健康教育教师必须具备坚实的理论基础、娴熟的教学技巧、深厚的咨询功底、良好的人格品质，才能培育大学生树立正确的心理健康观念。高校心理健康教师队伍一般采用专职教师和兼职教师相结合的模式，因此一方面要完善教师任用机制，对教师的选拔、培养、使用和考核环节严格把关，构建高标准、高素质的教师队伍。另一方面，要注重教师队伍的专业培训，着力提升心理健康实务工作的能力和素质。还要建立

激励机制，增强教师的身份认同感和自我价值感，打造一支业务精湛、师德高尚、结构合理、充满活力的心理健康教育专业化师资队伍。不管是专职教师还是兼职教师，都应该充分利用各种渠道提高自身的专业素养，使"互联网＋"背景下高校大学生的心理健康教育得到进一步加强。

在"互联网＋"这一时代背景下，社会是瞬息万变的，大学生心理健康教育课程体系的构建同样也是一个随时代变化的动态发展过程，因此大学生心理健康教育课程体系的构建应该紧跟时代的步伐，不断地发展与完善。在教学模式上，要充分发挥隐性课程的作用，达到"润物细无声"的效果；在教学方法上，要充分结合互联网中丰富的教学资源，让互联网走进心理教育课堂，增强课堂的趣味性。总的来说，心理健康教育课程对大学生的心理健康起着极其重要的作用。因此对大学生心理健康教育课程体系的构建，一定要结合时代特点和大学生本身特点大胆地改革与创新。最后，在高校教学中要发挥出互联网的优势，争取发挥最佳的课程教学效果。

第四节　"互联网＋"背景下大学生心理健康教育模式建构

"互联网＋"背景下对高校心理健康教育工作提出了新的挑战和新的机遇。科学总结互联网背景下高校心理健康教育的新特点，准确把握大学生心理健康教育规律，遵循以人为本、因材施教、发展性、全体性的心理健康教育原则，从教育队伍、教学资源、教育理念、网络优势等方面建构大学生心理健康教育的新模式，提高当代大学生的心理健康水平，促进他们成为能担负起民族复兴伟业的时代新人。

随着信息技术的迅猛发展和广泛应用，互联网已经成为社会生活中不可或缺的基础性构建，正以前所未有的发展速度影响着人们的求知路径、思维方式和价值观念。大学生最具活力、最富求知欲，是互联网的热衷者和实践者，在互联网应用方面发挥着主流作用。互联网在给大学生带来生活便利、言论自由的同时，其负面效应也日益凸显，极大地影响着大学生的思想、行为、人际关系等心理健康的方方面面。

一、互联网对大学生心理健康的主要影响

海量异质的网络资源构成了独特的网络文化与网络环境，极大地扩大了大学生获取信息资源的途径，丰富了他们的学习和生活，也改变着他们的认知水平、思维方式和行为方法，影响着他们的心理健康状况。具体来说，互联网对大学生心理健康的影响主要有以下方面：

网络信息的多样性对大学生认知水平的影响。网络信息的多样性极大地拓展了教育资源，丰富了教育内容，创新了教育形式，形成了有利于社会主义教育的教育合力。同时，

在网络空间里，多种价值观念大量涌现和并存，不同社会思潮相互交错、相互激荡，大量含有色情、暴力、恐怖等内容的不良信息屡禁不止并且愈演愈烈，使大学生的身心健康受到严重威胁。特别是某些西方国家和反动人士借助网络信息平台向我国传播、输入某些不利于我国社会主义建设的反动言论与价值观念，不同程度地影响了我国大学生的健康成长。在我国，绝大多数的大学生是处于青年中期（18—24岁）这个年龄阶段。在这个阶段，个体生理机能已接近完成，其文化素质、知识水平不断提高，自我意识也逐渐增强，对外界事物有着自己独特的见解，但受心理发展不成熟、社会阅历不丰富、社会实践能力不强等因素的制约，他们对于外界信息充满好奇，缺乏理性的思考和辨别，容易受到不良信息的蛊惑，某些辨别能力不强的大学生容易思想上遭受各种精神垃圾的浸染，导致其价值取向紊乱、道德认知混乱。

网络交往的开放性对大学生人际关系的影响。网络环境的开放性与网络主体个性化、去利益化，使得大学生放下心中戒备，大胆向网络世界的交往对象倾诉秘密、吐露心声、诉说苦闷等。从这一方面来看，这有利于大学生发泄心中不良情绪、排解内心压力，同时也有利于促进大学生积极情绪的培养、健康人格的养成。然而，网络空间毕竟是虚拟的，依附于网络的人际交往也必将带有虚拟的特点。而大学生对生活充满激情与活力，正处于情感丰富的阶段，价值观念尚不平衡、不稳定，时常处于波动、迷茫与抉择之中，情绪变化起伏很大，难以理性对待现实世界与虚拟世界中的人际关系。如果大学生长时间沉溺于网络交往，对现实的人际交往缺乏激情，往往导致其在现实生活中陷入孤立无援的境地，诱发如孤独、苦闷、悲观、孤僻、忧虑、多疑等心理问题。

网络环境的虚拟性对大学生行为方式的影响。环境是人赖以生存和发展的各种因素的总和，主要包括自然环境和社会环境。人的生存和发展，人的思想、行为与心理的形成与发展都与环境密切相关。正如马克思所说："环境的改变和人的活动的一致，只能被看作是并合理地理解为变革的实践。""人创造环境，同样，环境也创造人。"人们所处的时空环境影响人的心理和行为模式的产生，反之，人的心理与行为也会促进网络时空虚拟环境的形成。大学生正处于人生观、价值观、世界观形成的关键时期，心理发展还不成熟，人格发展还不完善，思维能力以及社会实践经验还不丰富，极易受到外界环境的干扰。在崇尚主体个性化、追求主体自由化的时代，虚拟网络在一定程度上增强了大学生的自我意识，丰富了他们的情感，张扬了他们的个性，但这不意味着大学生人格发展的优化与心理发展的成熟。相反，过度自由的网络世界会让部分自我约束力不足、自律意识淡薄的大学生滋生出某种为社会主流意识形态所不相容的心理与行为模式，从而忽视社会规范和道德准则的制约，在行为上表现出极大的放纵和随心所欲，在认知上混淆现实世界与虚拟世界，进而产生严重的心理变态和行为偏离问题。

二、"互联网 +" 背景下大学生心理健康教育的显著特点

很多技术都是"双刃剑"，互联网同样如此。因此，在互联网背景下，准确掌握大学生心理健康教育的特点，洞悉网络心理健康教育的形成和发展规律，防止并尽可能缓解网络对心理健康教育的负面影响，引导大学生充分利用网络资源优势培养积极的心态、塑造健全的人格，增进心理健康，这对大学生心理健康教育具有巨大的现实意义。

网络突破了时空界限，加速了信息传递，拓宽了教育渠道。互联网背景下的心理健康教育打破了传统心理教育的时空界限，为教育双方提供了可以随时随地交流和沟通的平台。教育双方可以随意选择交流时间，通过网络视频、QQ、微信、微博等方式进行交流。同时，网络技术的发达性与先进性，可以记录和保存双方交流的内容，教育工作者可将相同或类似问题集中归档，建立学生心理信息资源库，并在实践教学中进一步扩充。此外，还可以利用丰富的网络教育资源，拓展教育渠道，利用网上咨询工作室、心理教育模拟情景剧、心理知识学习库等，向学生传播心理健康知识，引导学生了解自己的心理状况，及时化解心理问题，从而树立正确的价值观念，增强心理健康素质。

网络拓宽了教育资源，形成了教育合力，提高了教育效率。网络整合了大量的心理健康教育资源，扩大了心理健康知识信息库，丰富了心理健康教育知识，满足了学生的信息需求。在网络空间中，大学生可以根据喜好与兴趣选择自己需要学习的心理健康知识，积极进行自我教育与自我反思；教师也可以借助 QQ、微信、微博等方式与学生商讨在学习和社会生活中遇到的困惑，在沟通过程中普及心理健康知识，疏解学生的心理烦恼，帮助学生解决心理问题与心理困扰，从而形成有利于心理健康教育的有效合力，提高教育效率。

网络调动了教育主体的积极性，创新了教育方式，发展了教育理念。互联网背景下，可以采用图片、文字、音乐、影像、动画等相结合的方式，以学生喜闻乐见的形式传播心理健康知识，极大地调动学生学习的积极性。同时，网络教育资源丰富、视野开阔，便于高校教育工作者开展心理健康教育实证调查研究和分析，及时、全面了解学生的心理状况，从而在线上线下开展有针对性的心理健康教育，实现线上线下教育同步进行，弥补现实教育的不足。此外，教育工作者在网络教育的过程中，要充分利用网络便捷性、平等性、互动性等特点，积极引导学生进行自我教育，发展助人自助的教育理念，提高教育的实效性。

网络扩大了交往范围，传递了心理动向，增强了预警功能。在互联网背景下进行心理健康教育，可以通过全方位、多层次的信息传输扩大学生的交往范围，增加学生与外界交流的机会，为广大学生特别是性格内向、羞于言谈、社交能力较弱的学生提供思想交流和人际交往的平台，突破了现实心理健康教育的局限。同时，教育工作者借助网络的虚拟性、匿名性、开放性等优势，以朋友的身份与学生进行平等、自由的沟通，在交流的过程中能及时准确地掌握学生的心理动向，了解学生的心理状况，有效预防、及时化解学生的心理困扰，从而增强学校对学生心理问题的预警功能。

网络注重私密性，满足了心理需求，激发了教育活力。网络的虚拟性、匿名性满足了大学生注重保护隐私的心理需求，建立了师生之间相互信任的心理基础，使得学生愿意放下心中顾虑，在宽松、平等、自由的环境中展现自我、发挥个性，直抒心中苦闷之事，畅所欲言，大胆地将自己的真情实感流露出来，从而为教师有针对性地开展工作创造了条件、激发了教育活力。

三、"互联网+"背景下大学生心理健康教育的基本原则

网络心理健康教育是一种以心理健康教育的基本理论和操作规律为指导、以互联网为依托的全新模式和理念，是心理健康教育适应时代发展的产物，是心理健康教育发展和创新的具体体现。因此，必须坚持一定的教育原则，采用科学的态度与方法，才能取得预期的效果。

坚持以人为本原则。以人为本原则在高校心理健康教育领域的本质在于突出人的发展，把人看作具有独特个性的个体和特定思维的主体，注重启发学生的内在需求、疏导学生的心理困惑、排解学生的学习压力、引导学生的正确行为，激发和调动他们学习的积极性、主动性和创造性，使他们将心理健康教育的积极影响主动内化于心、外化于行，逐步形成健全的人格和过硬的心理素质，最终达到健康成长、全面成才的目的。

坚持因材施教原则。每个学生都具有自己的个性特点，拥有不同的家庭环境、人际关系、情感需求、认知水平、价值观念等。因此，坚持因材施教原则，教育者首先要树立"因材施教"的教育理念，重视个别差异，根据学生的不同心理发展特点和身心发展规律，选择恰当的教育方法对其进行有针对性的心理健康教育，从而促进学生的全面发展。

坚持发展性原则。首先要认清大学生心理健康问题的形成是一个发展的动态过程，要用发展的眼光来看待大学生的现在、比较大学生的过去，预测大学生未来可能出现的心理问题，弄清大学生心理健康问题的来源及可能发展的方向，进而对其给予针对性的心理疏导和人文关怀，预防某些心理问题乃至精神疾病的产生。同时，要认识到大学生的成长也是一个发展的动态过程，用发展的眼光看待大学生，帮助他们树立有价值的生活追求，认清自身的潜力，充分发挥个人潜能。

坚持主体性原则。大学生的发展是一种主动的过程，外部施加的心理健康教育要引起大学生自身的改变必须先引起大学生主体的心理矛盾，才能使其获得发展。若大学生没有主动学习与主动发展的意识，那么心理健康教育就没有意义。因此，坚持主体性原则，必须从大学生的实际情况出发，以提高大学生的心理素质、促进其人格健全发展为目的，激发他们学习的兴趣，鼓励他们进行自我教育，引导他们自己去思考、比较、分析问题，最终实现"助人自助"。

坚持全体性原则。首先必须认识到心理健康教育的实践活动是针对全体学生，是为了解决学生中普遍存在的一些问题，以提高绝大多数甚至全体学生的心理健康素质而开展的。

同时，还需认识到世界是普遍联系的，大学生群体之间是相互连接、相互影响、相互作用的，若只针对某部分学生进行心理健康教育，而忽视大多数正常的学生，让大学生中普遍存在的问题继续发展蔓延，最终将无法提高全体学生的心理健康水平、增强全体学生的心理素质。

四、"互联网+"背景下大学生心理健康教育的模式建构

在网络心理问题频发的今天，网络心理健康教育已然成为高校大学生心理健康教育的一个重要组成部分。高校心理健康教育工作者要认清互联网新环境对大学生的影响，利用互联网的优势，积极探索开展大学生心理健康教育的新思路与新方法，努力建构大学生心理健康教育模式，引导大学生成长为能担负民族复兴伟业的时代新人。

贴近学生需求，打造专业化、现代型的心理健康教育工作队伍和服务网络。在"互联网+"背景下，面对网络心理问题频发等新情况，建立一支适应新情况、新问题、新要求的新型专职化、专业化和专家化的教育工作队伍，构建一个大学生心理自助互助的网络体系迫在眉睫。

首先，培养一批专业化的心理健康教育专业人才。他们不仅要具备雄厚的专业知识、理论基础以及实践能力，还要掌握新型的网络电子信息技术，学会利用网络资源与网络技术及时了解学生的心理发展状况，分析学生的心理问题，全面准确地掌握学生的心理动向，并将掌握的网络信息技术熟练地运用到心理健康教育实践中去，使心理健康教育不仅专业、生动，而且富有精准度、感染力与实效性。

其次，建立一支以专为主、专兼结合的相对稳定的心理健康教育工作队伍，将高校辅导员纳入心理健康教育工作体系中来。高校辅导员具备一定的思想政治教育知识，又从事着最贴近学生学习、思想等方面的工作，是最接近学生的群体。因此，高校应加强对辅导员队伍进行心理学、精神医学、心理咨询学等专业知识的培训和指导，使之制度化；同时还要经常开展业务咨询等实践活动，提高他们的实践水平，推动理论与实践的结合，充分发挥他们在大学生心理健康教育中的作用。

再次，构建一个以网络平台为载体、以教师为主导和以学生为主体的大学生心理自助互助的网络体系。高校应当依托高校心理健康教育管理指导中心，立足院、系大学生心理健康辅导工作室，着眼班级干部的朋辈心理健康教育小组，建立三级心理健康教育工作体系。通过对学生成员进行一系列的心理健康知识和心理咨询技能的培训，开展网上心理辅导等心理互助活动，让学生切身体验心理健康的重要性，改变学生对心理健康教育的偏见，提高学生参与心理健康教育活动的积极性、主动性，从而发挥朋辈心理咨询与辅导的积极作用，帮助他人走出心理困境。同时提高自我认知和自我调节能力，最终实现自助互助的目的。

利用网络优势，建立全方位、多层次的心理健康教育教学体系和活动体系。网络具有

超越时空界限、扩大交往范围、集合教育资源、注重私密性、激发学生积极性等特点。高校应充分重视并利用网络的这些特点和优势,整体规划,稳步推进,逐步建立一个全方位、多层次的网络心理健康教育教学体系和活动体系。

首先,建立满足大学生信息需求的、富有吸引力的学习网站。网站采用分层设计,既要有满足学生信息需求的各类心理书籍、心理自救常识、具有积极意义的心理健康服务类网站等,又要有如观看寓教于乐的经典心理影片等活动,使学生在获得心理健康知识的同时,加深对自己生命价值的把握。同时,根据不同大学生身心发展的特点,开展各类网上调研和网络心理测试等,科学测评大学生心理状况,准确把握大学生的心理动态,引导大学生的心理与行为发展方向沿着符合社会规范和道德要求的轨道前进。网站页面要富有青春活力,能够吸引学生眼球,从而调动学生积极参与,提高网站的点击率与利用率。

其次,开设专业、生动、规范的网络心理健康教育课程,以关注大学生的心理健康状态和心理健康成长为焦点践行积极性教育。大学生心理素质的提高离不开相应的心理学、医学、卫生等专业知识的掌握。因此,高校可以采用图片、文字、音乐、影像、动画等多种方式,结合案例教学、心理健康知识讲座等专业课程,制作专业、生动、富有感染力的教学课件或选用权威的规范性的教学课件,开设适合大学生身心发展规律的网络心理健康教育课程,并给予相应的学分,支持、鼓励、引导大学生根据自己的心理需要、兴趣偏好,有选择地加以学习,获取心理健康知识,增强自我教育能力,提升心理健康教育的教学效果,促进大学生心理素质的优化。

再次,开展各类具有科学性、实用性、专业性的网络心理咨询。网络心理咨询就是指心理咨询的专业人员,利用计算机网络的开放性、匿名性、及时性等优势,向具有心理困惑、心理矛盾、精神痛苦等问题的来访者提供心理上的帮助的过程。网络心理咨询超越了时空的限制,避免了现实咨询中的尴尬困境,操作性较强。大学生可以根据自己的实际情况,自主选择咨询方式,可以进行团体咨询或者个体咨询。通过网上咨询,能及时帮助大学生摆脱心理困境,走出心理阴霾,克服情绪障碍,从而纠正认知偏差与不良行为,形成正确的人生观、世界观与价值观。

最后,构建大学生心理咨询反馈系统,建立学生心理信息资源库。高校心理健康教育工作者可以借助网络心理咨询平台,利用电子邮箱等方式,构建大学生心理咨询反馈系统,使学生可以就自己的学习感悟、疑惑或问题、意见进行留言咨询,把自己的思想用文字表达出来。同时,还可以将留言或咨询过程中具有相同或类似问题集中归档、集中整理,建立学生心理信息资源库,从而有利于高校从全体学生的角度把握大学生的个性心理特点和心理健康状况以及大学生的心理素质状况,有利于高校心理咨询与辅导机构与学生工作部门、学生心理咨询团体之间建立起高效、便捷的心理信息沟通与反馈机制,也有利于高校制订切实可行的心理健康教育计划。

更新教育理念,整合传统教育与网络教育优势,发挥心理健康教育与思想政治教育的合力。

首先，更新教育理念。高校心理健康教育工作者要明确大学生心理健康教育是一门具有特定规律和特点的学科，是一项根据大学生身心发展特点，有针对性地对大学生的情感、认知、行为等方面进行疏导和教育，以提高全体学生的心理素质的实践活动。在互联网背景下，高校心理健康教育工作者应牢固树立终身学习的理念，坚持理论与实践相结合的原则，积极研究与探索，不断解决其发展过程中出现的新问题、新情况，不断探究其发展规律，从而构建大学生心理健康教育的新模式。

其次，整合传统教育与网络教育的优势。利用网络信息技术对大学生进行心理健康教育具有加速信息传递、拓宽教育渠道、整合教育资源、提高教学效率等优势。同时，在构建网络心理健康教育新模式时，应充分考虑不同学生的心理发展水平以及心理问题发展程度，选择不同的心理咨询与辅导方式，将网络咨询和辅导与传统心理健康教育相结合，实现二者的优势互补，不断促进心理健康教育工作的发展，创造更大的心理健康教育价值，最大限度地满足大学生心理健康的需求。

再次，要充分发挥心理健康教育与思想政治教育的教育合力。心理是思想的基础，心理活动的发展方向制约着思想的发展变化，反过来，思想活动的发展变化也影响着心理活动的发展方向。换句话说，心理健康教育与思想政治教育是辩证统一的，两者虽存在差异，却相辅相成，共同促进着人的全面发展。大学生思想政治教育的根本任务是立德树人，旨在提高人们运用马克思主义改造社会的能力以及道德实践能力；心理健康教育则旨在通过运用心理咨询与辅导等方法，帮助教育对象摆脱心理上的亚健康状态，培育积极情绪与潜在品质，提高心理素质，促进身心全面发展。因此，高校在网络心理健康教育过程中要渗透思想政治教育的内容，综合运用思想政治教育方法与教育艺术和心理健康教育咨询与辅导技术，引导学生克服一些不健康心理和偏激行为与观点，从而提高大学生心理健康的水平，形成正确的世界观、人生观和价值观。

第五节　"互联网+"背景下大学生网络心理健康教育机制

在"互联网+"背景下，大学生的心理健康会受到网络的深刻影响，如何在互联网大发展背景下提高大学生的网络心理健康水平，降低网络对大学生心理健康的危害是一个值得探究的问题。本节首先分析了"互联网+"背景下开展大学生网络心理健康教育的必要性，然后分析了"互联网+"背景下对大学生心理健康教育的影响，最后重点探究了"互联网+"背景下高校如何构建大学生网络心理健康教育机制，以期高校培养出更多高水平、高素质的综合性人才。

一、"互联网+"背景下开展大学生网络心理健康教育的必要性分析

（一）"互联网+"背景下的发展需要

随着互联网技术的快速发展及"互联网+"时代的到来，在大学校园中数字化信息得到了不断普及，这一发展变化深刻改变了大学生的生活学习状态。大学生的认知行为向情感心理转变，学习研究向休闲娱乐发展。互联网的发展不仅对大学生有着强烈的吸引力，而且还会让他们感到心理上的困扰。单纯地应用传统的心理健康教育方式是无法解决当下大学生的心理问题的，反而会让大学生更加难以适应"互联网+"背景下的发展。因此，在"互联网+"背景下我们有必要对如何开展大学生网络心理健康教育进行探索，开辟新的教育方式以满足大学生的心理健康需求。

（二）解决大学生网络心理健康问题的需要

互联网环境是复杂的，许多安全保障机制是不健全的，大学生沉溺其中很容易造成一定的心理健康问题。互联网对大学生容易造成以下几个方面的心理健康危害：第一，容易让大学生发生角色错位，沉溺于"人机"交往而忽视人际交往；第二，容易让大学生发生人性异化，在人格结构方面更多地表现出数字化倾向；第三，容易让大学生出现自我迷失；第四，容易弱化大学生的道德自律，从而做出道德失范的行为；第五，容易使大学生沉溺网络无法自拔。因此，高校应采取有效措施避免这些问题的出现，加强对大学生的网络心理健康教育。

二、"互联网+"背景下对大学生心理健康教育的影响分析

（一）"互联网+"背景下对大学生心理健康教育的积极影响分析

在"互联网+"背景下开展大学生心理健康教育，从其积极影响来看主要包括两方面。其一，互联网的发展丰富了大学生心理健康教育的途径。当下高校的心理健康教育方式主要是课程讲授，并辅以心理咨询室、心理健康讲座等形式，整体上来说气氛较为呆板，形式较为单一。对于心理咨询室，学生一般是具有抵触心理的，他们去做心理咨询受到其他人的嘲笑。而不管是心理讲座还是心理课，基本上都是教师给学生讲解一些基本的心理知识，学生并没有机会去主动探究心理知识并将其应用到实际生活中。但是互联网给了学生新的途径去表达自己的心理问题，而且还可以通过互联网去了解更多的心理学知识，对于在课堂中并未理解的知识，学生有了去深入探究的有效方式。互联网真正丰富了大学生心理健康教育的途径。其二，互联网可以为学生提供丰富的学习资源。在课堂授课中，由于受到课时的限制，教师往往只能讲授一些心理学的基础知识，很难把知识应用到实际生活中。而且随着互联网的发展，学生获取知识的渠道日益丰富，视野日益开阔，导致课堂授

课内容很难引起学生的兴趣。面对这一情况，教师可以充分利用互联网丰富课堂授课内容，从学生感兴趣的话题入手，通过理论与实践的相结合，提高学生对心理课学习的兴趣，提升心理课教学效果。

（二）"互联网+"背景下对大学生心理健康教育的消极影响分析

在"互联网+"背景下，互联网为大学生提供了丰富的有关心理健康的技能与知识，但是互联网中也充斥着大量色情、暴力、反动等网络糟粕文化。而且大学生正处于人生观、世界观、价值观的形成时期，面对这些糟粕文化他们并不具备坚定而正确的选择倾向，往往全盘吸收。所以，在"互联网+"背景下大学生十分容易受到网络中不良文化的影响，基于此，在这一时代背景下高校心理健康教育也面临着前所未有的挑战，肩负着更加繁重复杂的教育任务。"互联网+"背景下，高校的心理健康教育不仅要把书本中基本的心理健康知识教授给学生，还要帮助学生正确看待网络中良莠不齐的文化，教给学生如何在网络文化中取其精华去其糟粕，从而促进大学生心理的健康发展。

三、"互联网+"背景下高校如何构建大学生网络心理健康教育机制分析

（一）要明确大学生网络心理健康教育的目标

对大学生进行网络心理健康教育，就是把相关的心理健康理论知识、资源、信息、方法等运用大学生喜闻乐见的网络形式传递给他们，从而实现大学生心理健康教育的两个目标。其一，通过宣传、普及相关心理健康知识，帮助大学生增强心理健康保健意识，掌握一定的心理调节方法，在日常学习、生活中保持积极向上、乐观健康的心态，从而预防、控制、减少大学生出现心理问题与心理危机。其二，通过网络心理健康教育激发大学生的内在潜能。按照积极心理学的观点，每个人都拥有与生俱来的积极向上的潜能，而对大学生进行网络心理健康教育就是要激发大学生这种积极向上的潜能，促使大学生生命价值的实现。

（二）建立健全网络心理健康教育的引导与监管机制

在虚拟、自由的互联网中，学生很容易沉溺其中，如沉溺于网络游戏、网上购物、网络社交等，不仅会耗费很多时间，影响正常的学习生活，严重了还会出现由于自身随意的网络言行而弱化道德意识的现象。所以，开展大学生网络心理健康教育就必须建立健全网络心理健康教育的引导与监管机制，加强大学生的网络自律意识。其一，加强外部力量建设进行引导。高校需要建设一支具有熟练网络专业技术的心理健康教育师资队伍，可以灵活自如地通过网络与学生有效、及时地交流沟通，敏锐地感知学生心理动态，对于大学生在网络中的不良言行进行及时的监管、引导、干预，避免不良舆论的产生。其二，加强内部力量的驱动作用。大学生作为网络心理健康教育的主体，必须拥有一定的网络自律精神

与能力，在使用网络的过程中养成良好的行为习惯，以内部力量驱动自己形成健康向上的网络心理。

（三）高校要积极营造健康向上的网络文化环境

在"互联网+"背景下，高校要综合运用多种社交平台，如微博、微信、QQ等进行校园网络文化的传播。可以通过视频、文字、语音、图片等形式在多平台实现全方位的互动、交流，实现网络心理健康教育形式的创新。其一，高校坚持社会主义核心价值观的指导，与社会焦点相结合建设高校红色门户网站，做好大学生价值观的引导教育工作，在网络舆论中掌握主导权。其二，高校要加强建设网络文化。在网络空间中要坚持包容的态度，敏锐把握大学生在网络中的心理变化、思想动态，以大学生的心理变化为基础主动出击，加强校园网络文化建设，为大学生的心理健康发展营造积极、健康的文化氛围。

（四）建设专业化、高素质的网络心理健康教育师资队伍

开展大学生网络心理健康教育离不开师资队伍的支持，教师专业水平与素质的高低直接影响了教学水平的高低，所以高校必须重视网络心理健康教育师资队伍水平建设。其一，高校应大力聘请专业化、高素质的心理教育工作者及专业心理医师等，积极开展网络心理健康教育教学活动，从根本上提高师资队伍水平；其二，高校应建立健全教师培训机制，利用课题研讨会、兄弟院校交流、公开课评选等方式，提高教师的专业化水平与素质，从而在网络心理健康教育中引进新知识、新理论及新观念。另外，还可以加强资源整合，与知名医疗卫生机构、心理咨询室等建立合作，针对大学生存在的网络心理健康问题开展多元化的教育活动，比如在线咨询、宣传活动、专题讲座、团体活动等，从而提升大学生网络心理健康教育的质量。

"互联网+"背景下加强对大学生的网络心理健康教育不仅是时代发展的需要，还是解决大学生网络心理健康问题的需要。互联网的发展是一把双刃剑，不仅给大学生的心理健康教育带来了机遇，还带来了巨大的挑战。研究"互联网+"背景下大学生网络心理健康教育，可以发现当前高校大学生网络心理健康教育存在的不足，通过这些存在的问题，我们要从多方面进行努力，如充分利用互联网手段，让大学生敢于表达自己的心理困扰，接受心理治疗；为大学生构建健康向上的网络文化环境，引导大学生树立正确的价值观，降低网络不良信息对大学生造成的危害。总之，高校应重视大学生网络心理健康教育，积极构建与大学生网络心理健康相适应的教育机制，保障大学生网络心理的健康发展。

第六节 "互联网+"智能时代大学生心理健康教育路径

"互联网+"智能时代是科技迅猛发展的产物，也是社会发展的必然结果。在"互联网+"智能时代，大学生很容易通过互联网获取所需要的知识与信息。但是，"互联网+"智能

在给当前高校心理健康教育工作提供极大方便的同时，也对在校大学生的心理健康教育提出了严峻挑战，如何做好心理健康教育工作，是当今大学生心理健康教育工作者需要认真研究的课题。

《世界卫生组织宪章》指出："健康不仅是没有疾病和病态，而且是一种个体在身体上、精神上、社会适应上健全安好的状态。"2017年12月《中共教育部党组关于印发〈高校思想政治工作质量提升工程实施纲要〉的通知》明确提出心理育人质量提升体系，指出要坚持育心与育德相结合，加强人文关怀和心理疏导，深入构建教育教学、实践活动、咨询服务、预防干预、平台保障"五位一体"的心理健康教育工作格局，着力培育师生理性平和、积极向上的健康心态，促进师生心理健康素质与思想道德素质、科学文化素质协调发展。

一、"互联网+"智能时代大学生心理健康状况

随着网络资费逐渐降低，差不多每个大学生都经常通过手机访问互联网。通过"互联网+"智能，大学生很容易获取很多的信息，不仅包括学习所需要的相关学科信息，也会有很多负面的信息在互联网上一样可以轻松获取。多元化信息通过互联网迅速传播，对于大学生世界观、人生观和价值观产生很大的直接和间接影响。"互联网+"智能技术的迅猛发展，也对高校大学生心理健康教育产生了深远的影响。一方面"互联网+"智能极大地拓展了当今时代大学生心理学研究范畴，给大学生心理教育工作者提供了极大的方便；另一方面面对"互联网+"智能的冲击，一些传统的心理教育模式受到了极大的挑战。不可否认，"互联网+"智能就像每一次新技术革命一样，是一把双刃剑，在给大学生带来极大心理满足的同时，也对相当一部分自控能力不强、辨别能力较弱的学生产生极为不利的影响。当然"互联网+"智能时代，如何有效利用这一最新科技成果，更好地服务于大学生心理健康教育，是摆在心理健康教育者面前的重要课题。

二、"互联网+"智能时代高校心理健康教育工作面临的挑战

互联网技术日新月异的发展和人工智能应用的日趋广泛，使得大学生无时无刻不接触互联网，这就给当前大学生心理健康教育提出了新的挑战，从当前大学生心理发展状况来看，主要表现在以下几个方面。

互联网中大量的不良信息严重影响大学生的心理健康。互联网中大量的不良信息严重影响大学生的心理健康，这对心理健康教育无疑增加了难度。对于重点本科院校的大学生来说，学习压力较重，学习主动性强，自控能力较好，也使得他们浪费在互联网上的时间相对要少一些，所带来的负面影响不大；而对于一般本科院校和大专院校的学生来说学业压力并不很大，学生的自控能力差，没有良好的生活、学习习惯，很多学生把大量的时间浪费在玩网络游戏，甚至沉溺于网络游戏不能自拔，形成网瘾，难以戒除，这其实就是心理障碍；也有一些同学通过网络交友，可能发展成网恋，当网恋遭遇到问题也会造成心理

落差较大、失恋等急性应激性障碍，这也是值得关注的；还有"互联网+"智能的发展使得网络电信诈骗日益增多，对于相对比较单纯的大学生来说，更容易上当受骗，上当受骗的学生也容易产生心理问题或心理障碍，有些心理问题、心理障碍如果得不到适当的排解，可能会引起严重的后果，甚至死亡。比如2016年大学开学之际山东省一个准大学生因电信诈骗被骗去学费而导致猝死。还有，"互联网+"智能的发展，也给一些三观不正的大学生非理性的超前消费提供了机会，于是校园网贷出现了，甚至出现了裸条贷。网贷、裸条贷的结果通常都会引起相应的心理问题，如果得不到妥善解决，后果可能非常严重，甚至出现死亡。

"互联网+"智能时代也对传统的心理教育方法提出挑战。"互联网+"智能时代也对传统的心理教育方法提出挑战，随着时代不断进步，需要及时更新心理健康教育方法，提高心理健康教育水平，把传统的心理健康教育模式与现代"互联网+"智能教育技术相结合，创造出更适合大学生的心理健康教育模式。

传统的心理健康教育模式，通常都是老师讲学生听。随着"互联网+"智能技术的迅速发展，学生可以快捷地了解与获取现代心理学的相关知识，老师课堂上所讲授的内容，可以在互联网上轻松搜索到；大学生遇到心理问题或心理障碍时，通常也会在第一时间去互联网上进行搜索，这样他们对老师课堂所讲授的内容容易产生倦怠感。因此，及时更新心理教育方法、提高大学生心理健康教育效果是心理健康教育工作者亟须解决的课题。

三、"互联网+"智能时代大学生心理健康教育路径选择

面对大学生心理健康教育的种种挑战，切实提高心理健康教育水平，需要在全面客观分析现实的基础上，提升自身对心理健康发展规律的认知水平，采取符合心理健康教育规律的方法，提升心理健康教育实效性。

提升自身素质水平、把握心理健康教育规律。只有努力学习新的心理健康知识，把自己的专业知识水平提到更高的高度，才能更好认清大学生心理变化规律，准确把握大学生心理健康发展特点，提高心理健康教育实效性。

转变工作理念，树立服务意识。在一些高校老师的心目中，尤其是一些大专院校的老师往往认为，只管完成自己的上课任务，不管学生有没有听得懂，有没有理解，有没有明白，上完课立马走人，学生除了在课堂上，其他时间段基本上见不到自己的任课老师，如果学生对专业知识有疑问，通常只能求助于互联网。对于心理健康教育课的老师，不能有这样以教师为主的工作理念。要转变思想，树立服务意识。心理健康教育不同于一般的专业知识课，它有自己的特点与规律。只有树立了服务意识、责任意识，才能让大学生通过心理健康教育体验到心灵的成长与心智的成熟的快乐。通过学习心理健康知识，使大学生得到经验，应对一般的心理问题，当生活、学习遇到挫折、遇到心理问题时，知道如何排解、如何应对，如何去求助。

利用"互联网+"智能技术，提高教学质量。新时代的大学生往往厌倦课堂上老师的一言堂、满堂灌的模式，心理教育工作者完全可以也应当学会借助当今发达的科学技术手段，采取形式多样的教学模式，比如学习通软件、PPT、心理电影展播、心理案例分析、心理沙龙、团体心理辅导等形式，通过理论联系实际的方式，提高教学质量。

利用各种新媒体终端，提升服务效果。综合运用微博、QQ、微信公众号、直播平台等多种媒体形式传播心理健康知识，潜移默化地影响着大学生的心理健康向良性发展。同时，也可以借助"互联网+"智能模式，对潜在的有心理障碍的学生进行预警，对重点大学生群体进行有针对性的关注，必要时进行危机干预，把心理问题造成的损害降到最低。

参考文献

[1] 俞国良.大学生心理健康 [M].北京：北京师范大学出版社，2018.

[2] 李国毅.大学生心理健康教育 [M].北京：国家行政学院出版社，2019.

[3] 胡盛华，杨铖.现代大学生心理健康教程 [M].吉林：吉林大学出版社，2014.

[4] 李梅，黄丽.大学生心理健康十二讲 [M].北京：北京师范大学出版社，2012.

[5] 邓志军.大学生心理健康教育 [M].北京：北京理工大学出版社，2010.

[6] 黄希庭.大学生心理健康 [M].上海：华东师范大学出版社，2004.

[7] 叶星，毛淑芳.大学生心理健康指导 [M].北京：高等教育出版社，2017.

[8] 陈娟，龚燕.大学生心理健康：体验与训练 [M].重庆：重庆大学出版社，2017.

[9] 瞿珍.大学生心理健康 [M].上海：华东理工大学出版社，2018.

[10] 马斯洛.马斯洛人本哲学 [M].成明编译.北京：九州出版社，2003.

[11] 阳志平.积极心理学团体活动课操作指南 [M].北京：机械工业出版社，2010.

[12] 冉龙彪.大学生心理健康 [M].北京：人民出版社，2012.

[13] 肖红.高职大学生求职择业心理困扰及其调适 [J].高教高职研究.2007（11）：176-177.

[14] 马晓慧，岑瑞庆，余媚.大学生网恋的心理成因及干预措施 [J].校园心理，2011（6）：414-415.

[15] 尹怀玉.马斯洛需要层次理论对大学生心理健康工作的启示 [J].知识经济，2013（9）：164-164.

[16] 卓然.大学生职业生涯规划中的心理问题及对策分析 [J].德育与心理.2016（29）：69-72.

[17] 陈京明.当代成人大学生自我实现路径探析 [J].中国成人教育，2016（14）：24-26.

[18] 李明.当代大学生自我意识发展的特点及其调控 [J].牡丹江教育学院学报，2015（11）：68-69.

[19] 唐嵩潇.谈抑郁症的心理干预方法 [J].吉林化工学院学报，2017（12）：75-77.

[20] 吴玉伟.大学生健全人格的标准探索 [J].社会心理科学，2012（6）：9-12.

[21] 姚振.新时期大学生心理健康标准整合的探索性研究 [J].高教学刊，2017（5）：176-177.

[22] 文娟.高校大学生心理健康现状及对策研究 [J].智库时代，2020（05）：114-115.

[23] 何安明，惠秋平 . 大学生手机依赖与生活满意度的交叉滞后分析 [J]. 中国临床心理学杂志，2019(6)：1260-1263.

[24] 魏杰 . 新时期大学生心理健康标准整合的探索性研究 [D]. 南京：南京大学，2013.

[25] 王飞飞 . 大学生情绪管理能力与心理健康的关系研究 [D]. 重庆：西南大学，2006.

[26] 王玉娇 . 农村初中生人际关系对心理健康影响的实证研究 [D]. 宁夏：宁夏大学，2014.

[27] 祖静，封孟君，郝爽，但菲 . 手机依赖大学生抑制控制特点及与渴求感的关系 [J/OL]. 中国学校卫生：2020-01-03/2020-03-08.